KB067247

—————————— 님의 소중한 미래를 위해
이 책을 드립니다.

나는 내 안의 애착을
돌아보기로 했다

Original Japanese title: SHI NI ITARU YAMAI

Text copyright © Takashi Okada 2019
Original Japanese edition published by Kobunsha Co., Ltd.
Korean translation rights arranged with Kobunsha Co., Ltd.
through The English Agency (Japan) Ltd. and Danny Hong Agency.
Korean translation rights © 2021 by one&one contents group

나는 내 안의 애착을 돌아보기로 했다

오카다 다카시 지음
이정은 옮김

사는 게 불안하고 외롭다면 애착 때문이다

초록북스

초록북스

우리는 책이 독자를 위한 것임을 잊지 않는다.
우리는 독자의 꿈을 사랑하고,
그 꿈이 실현될 수 있는 도구를 세상에 내놓는다.

나는 내 안의 애착을 돌아보기로 했다

초판 1쇄 발행 2024년 7월 1일 | **지은이** 오카다 다카시 | **옮긴이** 이정은
펴낸곳 ㈜원앤원콘텐츠그룹 | **펴낸이** 강현규·정영훈
편집 안정연·신주식·이지은 | **디자인** 최선희
마케팅 김형진·이선미·정채훈 | **경영지원** 최향숙
등록번호 제301-2006-001호 | **등록일자** 2013년 5월 24일
주소 04607 서울시 중구 다산로 139 랜더스빌딩 5층 | **전화** (02)2234-7117
팩스 (02)2234-1086 | **홈페이지** blog.naver.com/1n1media | **이메일** khg0109@hanmail.net
값 17,000원 | **ISBN** 979-11-6002-896-6 03180

우리 시대의 가장 위대한 발견은
자신의 태도를 변화시킴으로써
삶을 변화시킬 수 있다는 것이다.

• 윌리엄 제임스(미국의 심리학자) •

오늘 행복하지 않다면
그것은 애착장애 때문이다

옛 철학자 키르케고르는 "죽음에 이르는 병이란 절망을 말한다"라고 했다. 키르케고르에게 절망이란 신에 대한 불신을 의미했다. 그러나 오늘날 '죽음에 이르는 병'이란 애착장애 말고는 없다. 애착장애란, 신은커녕 부모의 사랑조차도 믿지 못하는 것을 말한다. 키르케고르 역시 애착장애가 있었다.

합리적으로 생각해보면 사람은 부모의 애정이 없어도 적절히 영양을 공급해주고 돌봐준다면 건강하게 살 수 있어야 했다. 그러나 여기엔 치명적인 오산이 있었다. 특별한 누군가와 맺은 인연인 '애착이라는 장치'가 제대로 작동하지 않으면 생존에도 중

대한 지장이 생긴다.

온몸에 상처를 내가며 자해하거나 자살 기도를 반복하는 것도, 애써 번 돈을 토하기 위한 음식을 사거나 술을 사는 데 쓰는 것도, 물건이나 돈을 잘 관리하지 못해서 인생의 나락으로 빠지는 것도, 원인을 찾지 못했던 만성 통증이나 피로에 시달리는 것도…. 여기에는 공통적인 원인이 있었다. 그것은 바로 애착장애다.

애착장애란 생존을 어렵게 만들고, 고된 삶과 절망을 가져오며, 만성적으로 죽음의 위험을 증가시킨다는 의미에서 '죽음에 이르는 병'인 것이다.

지금 이 나라에, 아니 세계 곳곳에서 경제적 풍요로움을 추구하는 합리주의, 개인의 이익을 우선하는 공리주의의 대가로 '죽음에 이르는 병'이 확대되고 있다. '죽음에 이르는 병'은 키르케고르의 언급처럼 단순한 절망이 아니다. 정신적으로 구원받지 못하는 정신적인 죽음을 의미하는 데서 그치지 않는다.

'죽음에 이르는 병'은 삶의 희망과 의미를 빼앗고, 정신적 공허함과 자기부정의 나락으로 밀어 떨어뜨리며, 마음의 병을 앓게 만든다. 이뿐 아니라 불안과 스트레스에 대항하는 저항력과 트라우마에 맞서는 마음의 면역을 약화시키고, 신체를 질병에 잘 걸리도록 만든다. 그 결과 현대사회에는 의학의 힘으로도 감당 못할 만큼 수많은 기이한 병이 만연하게 되었다.

가까스로 병에 걸리지 않았다고 해도 상처와 고통에서 완전히 벗어나기는 힘들다. 단 한 번의 인생에 기쁨보다 괴로움만 늘어난다. 이를 완화시키기 위해, 삶의 고통을 잊기 위해 사람들은 일상에서 신경과 마음을 마비시킬 무언가를 찾는다. 거기에 의존해 억지로라도 살아가려고 애쓴다. 때론 만성적 자살 시도로 이어진다.

애착장애라는 '죽음에 이르는 병'이 얼마나 무시무시한 비극을 초래하는지 이 책을 읽고 이해하기 바란다. 또한 조금도 주저하지 말고 예방을 위한 대책을 세우기 바란다. 마음만 먹으면 분명히 할 수 있는 일이다.

이 책에 등장하는 여러 구체적인 사례 중 일반인의 사례는 실제 사례에서 힌트를 얻어 재구성한 것이며, 특정 사례와는 관계가 없음을 미리 알린다.

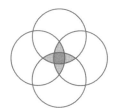

차례●

4장 옥시토신계의 이상과 애착 관련 장애

5장 깊어지는 애착장애와 그 배경

6장 '어른의 발달장애'에 숨어든 애착장애

애착장애를 딛고 회복에 이르는 길

7장

10대 청소년부터 중장년층까지 나이를 불문하고 현대 사회를 살아가는 사람들은 "살기 힘들다"는 말을 입에 달고 산다. 이들의 인간성이나 능력이 부족해서가 아니다. 오히려 그들은 뛰어난 점이 많다. 그들이 자신이 사랑받을 자격과 살아갈 가치가 없다고 여기고 확신하게 하는 근본적인 체험이 있다. 특별한 이유 없이도 삶이 고단한 현대인들을 괴롭히는 근본적인 요인은 무엇인가? 이에 대한 답은 바로 '애착장애'다. 1장에서는 의학적 진단으로도 짚어내지 못한 고통의 진짜 원인에 대해 설명한다.

———————

1장

현대인은
왜 행복해지지
않을까?

● 삶이 고단한 사람이
늘고 있다

    요즘 "살기가 너무 힘들다" "하루하루가 고통일 뿐이다" "살아가는 의미가 없다"라는 말이 곳곳에서 들려온다. 생활에 지치고 업무에 시달리는 중장년층의 외침이라면 그나마 이해되지만, 가장 행복할 나이라는 30대에게도, 혈기왕성한 20대에게도, 심지어 10대 청소년이나 초등학생 입에서도 이런 외침들이 튀어나오고 있다.

    이들은 대개 어두운 얼굴을 하고 어깨를 축 늘어뜨리고 있으며, 억지로라도 웃으려다 보니 얼굴이 일그러지고 만다. 의학적으로 봤을 때 명백히 우울 증상인 경우도 있지만, 이러한 진단에 해당하지 않는 사례도 있다.

때로는 냉정하게, 차분한 말투로 "저 같은 사람은 있어도 그만, 없어도 그만입니다" "아직도 살아야 합니까?"라며 자기가 안고 있는 공허함과 삶의 허무함을 이야기하기도 한다. 살가운 얼굴로 상상하기도 힘든 "죽고 싶다" "전부 없애고 싶다"라는 격한 말을 쏟아내기도 한다.

이들은 인간성이나 능력 면에서도, 사랑받을 자격이나 매력 면에서도, 그간 쌓아온 노력 면에서도 누구에게도 절대 뒤처지지 않는다. 오히려 뛰어난 점이 많다.

그런데도 그들은 자기는 사랑받을 자격도, 이 세상을 살아갈 자격도 없다고 생각한다. 이런 자신이 세상에서 없어지는 게 낫다고 생각하는 것이다.

이들은 자신을 매우 사랑하는 것처럼 보여도 사실은 전혀 그렇지 않다. 자신을 진심으로 사랑하지 못하기에 이상적인 모습이 아니면 안 된다며 완벽을 추구한다. 자신에게 만족하는 듯이 보여도 실은 있는 그대로의 자신을 숨기기 위한 허세에 지나지 않는다.

만약 완벽할 때의 자기 자신만 사랑한다면, 더는 완벽하지 않을 때 그 사람은 어떻게 될까? 아무리 노력해도, 아무리 애써도 늘 완벽한 사람은 없다. 그 어떤 성공과 행복의 절정에 섰어도 다음 순간에는 사랑할 가치도, 살아갈 가치도 없는 불완전하고 쓸모없는 사람으로 곤두박질칠 위험성을 품고 있다.

●● 사랑할 가치가 없는 나, 사랑받을 자격이 없는 나

자신은 사랑받을 자격도 살아갈 가치도 없다고 여기고 확신하게 하는 '근본적인 체험(原體驗)'이 있다. 그들에게 있어서 매우 중요한 존재가 그들을 노골적으로 버렸다든가, 예뻐하는 척만 하고 진심으로 애정을 주지 않은 일이다.

여기서 '진심으로'란, 말이 아닌 행동으로 보여준다는 뜻이다. 즉 그들에게 애정이 가장 필요했던 어린 시절에 누구보다 그들을 먼저 챙기며 마음뿐 아니라 시간과 수고를 내줬다는 뜻이다. 소중한 사람이 그들을 두고 다른 일에 마음을 빼앗긴 적이 있다거나 일이나 생활에 쫓겨서 매사에 건성이었다면 어린 자녀는 '나는 가장 소중한 존재'라는 것을 경험하지 못하게 된다.

다 큰 어른들에게 자기 긍정감을 가지라고 뻔뻔하게 말하는 전문가가 있다. 이는 한창 자랄 나이에 충분한 영양분을 공급받지 못해 키가 덜 자란 사람에게 키를 더 키우라고 말하는 것이 나 다름없다.

자기 긍정감은 그때까지 살아온 인생의 결과이지 원인이 아니다. 그런데도 자기 긍정감을 높이라는 등 안일하게 말하는 건 정말로 고통을 받아본 적 없는 사람이 떠드는, 그야말로 입에 발린 말처럼 들린다.

가장 소중한 존재에게조차 보살핌을 받지 못한 사람이 어떻게 자신을 소중히 여긴단 말인가? 오히려 그들에게 해줘야 할 말이 있다면 "당신에게 자기 긍정감이 없는 것도 무리는 아니다. 당연한 일이다. 당신이 나빠서가 아니다. 당신은 잘 살아왔다. 자기를 긍정할 수 있는 사람이다"라는, 그 사람을 있는 그대로 긍정해주는 말이 필요하다.

'자기 긍정감'이란 말 자체가 그 사람을 부정하기 위해 사용될 바에야, 그런 말은 차라리 없는 것이 낫다. 자기를 무엇보다도 소중히 대해줄 존재가 없다는 것만큼 슬픈 일은 없다. 어른이라도 그건 서글픈 일이다. 게다가 어릴 적에 그런 경험을 했다면 그 생각을 닦아내기란 쉽지 않은 일이다. 하지만 이는 단순히 기분 문제에 그치지 않는다.

머리부터 발끝까지 이어지는 아픔

서른을 조금 넘긴, 청초한 분위기를 풍기는 여성 A씨가 소개서 한 통을 들고 가만히 필자의 진찰실로 노크를 하고 들어왔다.

A씨는 원인불명의 통증에 시달리고 있었다. 류머티즘이며 교원병(膠原病, collagen disease; 피부·힘줄·관절 따위의 결합 조직이 변성되어 아교 섬유가 늘어나는 병으로, 만성 관절 류머티즘, 류머티즘열, 피부 근육염, 피부 경화증 등이 있음-옮긴이)이라고 진단받은 적도 있지만, 이후로 유명한 대형병원에서 진찰받을 때마다 다른 진단명이 붙었다. 섬유근통증, 만성피로증후군, 만성통증증후군 등등 A씨는 부신피질호르몬을 대량으로 투여받기도 했다. 그러나 통증은 사라지지 않았고, 거의 매일 누워 지내다시피 했던 적도 있다.

A씨의 긴 병력은 초등학생 시절에 생긴 발모벽(拔毛癖)으로부터 시작됐다. 발모벽이란, 자신의 머리카락을 뽑는 버릇이다. 그 다음은 등교 거부였다. 분명 자기 자신인데도 스스로에게 위화감이 들었고, 심지어 초등학교 고학년 때는 처음으로 살고 싶지 않다는 생각까지 했다. 중학생이 되자 자해를 시작했고, 과호흡

으로 발작을 일으켰다. 고등학생이 되고 나서는 먹고 토하기를 반복했다. 그리고 그즈음부터 연상인 남성과의 관계에 의존하게 되었다.

그녀는 10대에 임신과 중절수술을 했고, 집을 나오고 싶어서 일찍 결혼했지만 곧바로 이혼했다. 결국 20대 초반에 싱글맘이 되었다.

아이를 키우기 위해 일하면서부터 건강에 적신호가 켜졌고, 원인불명의 통증에 전신 피로와 미열 등이 끊이지 않았다. 두통에도 시달렸다. 일반적인 두통과 격렬한 편두통을 겪었으며, 편두통 발작이 시작되면 잠들 때까지 구토를 했다.

설사와 변비가 계속 반복되었고 과민성대장증후군이라는 진단도 받았다. 어지럼증도 있어서 메니에르 증후군이라는 소리도 들었다. 진통제를 지나치게 먹어서일까, 가끔 위통도 있었다. 구토 기운과 숨이 막히는 듯한 느낌 때문에 기분이 좋은 날이 적었다.

한 달 중에서 무려 이십여 일을 누워서 지내는 일도 다반사였다. 월경통과 월경전증후군이 너무 심해서 경구피임약을 먹었던 적도 있었다.

병력과 인생의 사건을 함께본다

이렇게 병력만 봐도 수많은 병명만 줄지어 있을 뿐 무슨 일이 있었는지 도무지 감이 잡히질 않았다. 그러나 긴 병력과 A씨의 과거를 겹쳐보니 조금씩 수면 위로 떠오르는 게 있었다.

A씨의 어머니는 육아를 싫어해서 A씨가 어렸을 적부터 별의별 이유를 대고 놀러 다녔다. 걸핏하면 집을 비우는 어머니를 대신해 A씨를 돌봐준 사람은 주로 할머니였다.

문제는 아무도 그런 어머니를 거스르지 못했다는 것이다. 육아며 집안일을 좀 하라고 말하려 하면, A씨의 어머니는 버럭 화를 내며 스스로 손목에 상처를 내어 피투성이가 되거나 베란다에서 뛰어내려 자살하겠다고 소동을 피우기도 했다. 어린 A씨도 어머니의 기분을 해치지 않으려고 늘 안색을 살피고는 했다.

그렇게까지 신경을 쓰고 고분고분했는데도 A씨가 초등학교 2학년일 때 갑자기 어머니가 집에서 사라졌다. 어머니는 "좋아하는 사람이 생겼다"라며 딸에게 말하고는 집을 나가서 그 남자와 지내기 시작했다. 아버지는 노발대발했고, 얼마 지나지 않아서 부모는 이혼했다. A씨는 그렇게 아버지와 지내게 되었다. A씨가 머리카락을 뽑기 시작한 것도 그즈음이었다. 그때부터 학교도 가지 않게 됐다.

A씨가 중학생이었을 때 아버지는 새로운 여성과 재혼했다. 새어머니와는 처음부터 맞지 않았다. 그래도 새어머니 마음에 들기 위해 A씨는 착한 딸을 연기했다. 자해가 시작된 건 아버지의 재혼 직후였다. 점차 마음 둘 곳을 잃은 A씨는 내몰리듯이 친어머니 집에 보내졌다. 그간 꿈꿔왔던 어머니와의 생활이었다.

하지만 A씨의 꿈은 무참히 짓밟혔다. 현실 속 어머니는 A씨가 안중에도 없었다. 그때까지도 남자와의 관계에 의존하며 약물과 다섭취(Overdorse, OD)에 자살을 시도했다가 미수에 그친 일도 있었다. 모두 남성과의 사이에서 생긴 사소한 오해에서 비롯됐다.

그런데도 A씨는 공부로라도 인정받고 싶은 마음에 죽어라 고교입시에 매달려서 명문고에 합격했다. 그러나 벼락치기 공부가 그러하듯 고등학교 입학 후부터는 통하지 않았다. 주변은 집안 환경이 뛰어난 아이들로 가득했고, A씨는 마치 제자리가 아닌 것만 같은 느낌이 들었다. 성적은 하위권을 벗어나지 못했고, 먹고 토하기가 시작됐다.

고등학교를 그만두고 시작한 아르바이트 가게 점장이 A씨를 지옥에서 구해줬다. 나이는 배나 많았지만 착한 사람이었다. 임신했을 때 "결혼하자"라고 청혼해주었지만, 아직 어머니가 될 준비가 안 된 A씨는 잠자코 중절 수술을 받았다. 그러다 결국 1년 뒤 그와 결혼했고 아이도 생겼다.

그때부터 어머니와의 왕래가 다시 시작됐다. 자신도 가정이 생겼고 어엿한 어른이 된 것만 같았다. 지금의 자신이라면 어머니와 사이좋게 지낼 수 있을 것 같았다.

그러나 어머니는 여전했다. 연하의 남자에게 버림받았다며 자해소동을 벌였다. 또한 A씨에게 돈을 조르기도 했으며, 낮이고 밤이고 전화해오는 통에 처음에는 관대하던 A씨의 남편도 싫은 내색을 시작했다. 남편 눈치를 보다 보니 어머니에게 짜증 섞인 말투로 대답하게 됐다. 그러자 어머니는 자신을 무시하는 행동이라며 트집을 잡고는 A씨의 남편을 험담했다. 어머니에게서 전화가 올 때마다 남편과 말다툼을 벌이는 일이 잦아졌다.

남편으로부터는 "나와 장모님 중에 누구를 고를 거야?"라는 말까지 들었다. 그 말에서 남편에 대한 신뢰가 무너져 내리는 것만 같았다. 그때까지도 A씨에게는 어머니가 제일 소중한 존재였기 때문이다.

한번 어긋나기 시작한 남편과의 관계는 돌이킬 수 없는 지경에 이르렀다. 어머니를 버리라는 남편의 말을 도저히 용서할 수 없었다. 결국 2년 후 이혼하게 되었다. 돌이켜보면 A씨는 남편이 아니라 어머니를 택한 셈이었다.

그로부터 10년 이상 흐른 지금도 A씨는 어머니의 상담 상대가 되어 돌보고 있다. 아무리 몸이 아파도 어머니가 불러내거나 심부름을 시키면 기어서라도 나갔다.

어머니가 왜 그렇게까지 소중한지 A씨 자신도 이해하지 못했다. 어머니가 무언가를 해줘서라기보다 해주지 않았기 때문에 여전히 어머니를 찾고 있는 건 아닐까.

◐● 의학적 진단으로는
짚어내지 못한 진짜 원인

지금까지 살펴본 A씨의 사례는 결코 이례적이지 않다. 크게 보살펴준 적도 없는 어머니에게 최선을 다한다는 점도, 머리끝부터 발끝까지 아픈 것도 말이다. 애착이 불안정했던 사람에게 간혹 보이는 현상이다.

이러한 사례의 특징 중 하나는 증상도 다양하고 나이가 들어가면서 이곳저곳으로 옮겨 다닌다는 점이다. 병력이며 진단명

목록에 기다란 병명이 줄지어 있는 경우도 종종 보인다.

유아기부터 아동기에 걸쳐 크게 두 가지로 증상이 구분되어 나타나는 경우가 많다.

한 가지는 '행동에 문제가 나타나는 유형'이다. 브레이크가 걸리지 않는 행동이 특징인데, 차분하지 못하고 호기심이 생기는 대로 행동하거나, 낯을 가리지 않으며 아무에게나 잘 다가가는 경향이 있다. 그러다보니 사건에 잘 휘말린다.

또 다른 하나는 '쉽게 긴장하고 낯가림이 심하며 브레이크가 너무 잘 걸리는 유형'이다. 자신이 먼저 기대지 못하며 곤란한 상황에 부딪혀도 잘 드러내지 못한다. 그로 인한 스트레스가 컨디션 난조로 나타난다.

어린아이는 자기 기분이나 고통을 느끼거나 말로 잘 표현하지 못한다. 그 때문에 정신적인 증상이 아니라 신체적 증상이나 중독적 행동으로 드러난다. 머리카락을 뽑는다거나, 손가락을 빤다거나, 자위하는 등의 행동은 여러 중독적 행동 중 하나다. 나이가 들면서는 점차 우울증이나 불안 등 정신적 증상이 눈에 띈다.

A씨의 경우 후자를 거쳤다고 할 수 있다. 천성적으로 내성적이고 차분하며 주변과 문제를 일으키지 않은 대신 중독적 행동

이나 심신의 증상이 시기에 따라 다양한 형태로 나타났을 수도 있다. 시기에 따라 증상이 가벼워지기도 하고, 교체되기도 한다.

문제를 밖으로 표출하는 전자의 유형에서는 행동상 문제가 많아 ADHD(과잉행동증후군)로 진단받거나 반항과 비행이 수반한다. 이성 관계에 의존하기도 하고, 도박이나 약물에 탐닉하기도 하고, 금전적 문제도 많이 일으킨다. 문제를 안으로 담아두는 후자의 유형은 우울과 불안, 신체화 증상, 섭식장애, 중독, 자해 등의 증상이 나타나는 경우가 많다.

나이가 더 들면 두 유형은 뒤섞여서 어느 타입인지 분간하기 힘들어진다. 꾹 참았던 게 느닷없이 행동으로 드러나기도 하고, 행동으로 다 해소하지 못하면 정신적 증상을 일으키기도 한다. 표출형태가 어떻든 시기에 따라 증상은 다양하게 바뀐다.

의학적 진단은 병명에 따른 카테고리에 의해 내려진다. 특히 정신의학은 증상을 바탕으로 진단을 내리는 구식(舊式)이다 보니, 증상의 숫자만큼 진단명이 붙는다. '우울 상태(기분 변조증)' '불안장애' '불면증' '의존증' '섭식장애' '경계성 인격장애' '발모벽' '섬유근통증' '만성피로증후군' '만성두통' '편두통' '과민대장증후군' 등 이런 식으로 여러 진단명이 내려진다. 각각의 병명은 독립된 것으로 각기 다른 진단기준과 치료방침이 있으며,

각기 다른 전문학회까지 존재한다.

그러나 이렇게 해서는 단지 증상을 나열하는 데 지나지 않으며 A씨에게 생긴 진짜 문제를 규명하는 본래의 진단이라고 할 수 없다. 감기를 '발열' '콧물' '재채기'라는 증상별로 진단해 해열제와 콧물약, 기침약 등 증상별로 약을 처방하는 것이나 다름없다. 감기 정도는 내버려두어도 자연스럽게 낫기 때문에 그렇게 큰 문제는 아니지만, A씨와 같은 상태는 그야말로 몸과 마음 그리고 인생 전체가 점점 심각한 상태로 빠져들어 헤어 나오지 못하게 된다.

증상이 있을 때마다 의사의 처방에 따라 약을 먹는 악순환을 멈추지 못하고, 무엇이 근본적인 원인이며 무엇을 고쳐야 하는지 규명되지 않는다면 애초에 진단은 의미가 없다. 그렇다면 과연 A씨를 괴롭히는 근본적인 요인은 무엇인가? 이에 대한 대답이 바로 '애착장애'다.

1950년대까지만 해도 거의 보고되지 않았던 '아동 우울증'과 'ADHD' '섭식장애' 등의 기이한 병은 1960년대부터 서서히 증가하기 시작해 1990년대 후반에 이르러서는 비정상적이라고 할 만큼 기하급수적으로 늘었다. 과거의 상식을 뒤엎는 사태들이 최근 수십 년 사이에 연이어 일어난 것이다. 이러한 현상의 공통된 원인은 유전 요인과 양육환경 요인에 있다. 2장에서는 현대인의 고된 삶과 애착 문제의 연관성에 대해 다룬다.

2장 ●

_____

'현대의 기이한 병'과
고된 삶의
근본 원인

●● 갑자기 나타나서 증가하고 있는 '현대의 기이한 병'

앞서 1장에서 살펴본 '기이한 병'은 미국에서도 1940년대까지 거의 보고되지 않았다. 1950년대에 이르러서야 처음으로 '경계 상태'라는 보고가 있었다. 당시의 정신의학 개념으로는 정신병이나 신경증이라고도 정의하지 못하는 불가사의한 상태였다. 심지어 전문가조차 거의 인지하지 못했다.

그런데 1960년대 후반부터 1970년대에 이르러 정서가 불안정한 환자가 자해하거나 자살을 시도하고 격분하면서 정신과 병동은 혼란에 빠졌다. 이러한 환자를 종래의 방식으로 치료하자 치료 스태프에게 과도하게 의존하거나 사사건건 부딪치는 등 점점 수렁에 빠져드는 것이었다.* 이러한 사례를 '경계사례'라고 불렀으며, 일본에서도 서서히 그 존재가 알려지게 되었다. 자기 몸에 상처를 입히고 생명을 장난감 다루듯이 하는 등의 증상에 많은 사람이 충격에 휩싸이게 되었다.

이렇게 정신과 병동이나 영화 속에서 일어날 법했던 현상들이 그로부터 20~30년 사이에 점차 일반가정이며 학교에서 일상적인 광경이 되어가고 있었다. 이것이 바로 오늘날 '경계성 인격장애'라고 부르는 상태의 짧은 역사다.

한편 신경성식욕부진증(거식증, Anorexia nervosa, AN)에 해당한다고 보이는 상태는 19세기 중엽 영국에서 보고되었다.** 제2차 세계대전이 시작되기 직전인 1939년 1월에 신경성식욕부진증에 대한 논문을 발표한 의사는 과거 13년간 1년에 평균 네 차례 진찰했다고 썼다. 전문가도 보기 드문 사례였던 것이다. 논문 숫자를 봐도 1940년대에는 10년간 겨우 20편이었으나, 1950년대에는 120편, 1960년대에는 500편을 넘어, 1970년대에는 1,200편이나 되었다. 전문가의 관심은 유병률 증가에 반영된다. 이렇게 신경성식욕부진증은 급속히 우리 삶 속에 자리 잡았다.

* 존 G. 군더슨(John G. Gunderson) 『경계성 인격장애: 그 임상병리와 치료』岩波 학술출판사, 1988년.
** GULL, Sir W., Lancet 1868 (ii), 171.

과식증은 가장 최근에 발견된 사례다. 1979년에 처음으로 신경성 과식증으로 여길 만한 사례가 보고되었다.* 이때는 과식이나 자기유발성 구토를 동반하는 과식증이 거식증과는 별도로 존재한다는 것을 가까스로 알아차렸을 정도다. 1970년대에 겨우 한 편이었던 논문은 1980년대에 이르러 210여 편으로 늘었고, 1990년대에는 1,200편이 되었으며, 2000년대부터 10년간은 2,000편을 넘겼다.

이렇게 놀라울 정도로 과식증에 대한 관심이 높아진 것은 스트레스를 느끼고 과식에 빠지는 사람들이 늘었기 때문이다.

●● 1960년대 이후 기하급수적으로 늘어난 아동 우울증

본래 우울증은 중장년층이 주로 겪는 병이었다. 아이들에게서는 매우 드문 사례로 여겼다. 아동 우울증에 관한 논문을 조

---

* Russell, G., "Bulimia nervosa: an ominous variant of anorexia nervosa." Psychol Med. 1979 Aug;9(3):429-48.

사해도 제2차 세계대전 이전에는 거의 찾아보기 힘들었다. 미국 전문의학잡지에 겨우 찾을 수 있는 논문 한 편이 있는데, 그곳에 소개된 여덟 살 소녀의 사례는 어딘가 현대에도 통하는 상황으로 보인다.*

외동딸이었던 소녀는 부모, 특히 아버지의 귀여움을 받으며 자랐다. 과보호라고 할 만한 환경이었다. 경제적으로도 유복했고, 무엇 하나 불편함 없는 생활이었다. 그러던 중 대공황의 여파로 아버지의 수입이 크게 줄어들었다. 하지만 사치에 익숙했던 어머니는 지출을 줄이지 못했고, 아버지는 그런 어머니가 불만이었다.

이러한 고민을 나누던 중 아버지는 다른 여성과 선을 넘고야 말았다. 이 사실을 안 어머니는 너무나 큰 충격을 받았고, 부모님 사이에서는 그야말로 아수라장이 펼쳐졌다. 소녀는 어머니를 배신한 아버지와 반미치광이가 된 어머니가 다투는 장면을 목격하게 되었다.

소녀는 낙담해 학교에도 가지 않았다. 학교에 가서도 선생님

* Schumacher, H. C., "The Depression and Its Effect on the Mental Health of the Child." Am J Public Health Nations Health. 1934 Apr;24(4):367-71.

이 있으면 교실에 들어갔지만, 선생님이 없으면 교실에 있지 못했다. '아버지가 집에서 사라지는 건 아닌가' 하는 불안감이 영향을 주어 이러한 상황이 펼쳐진 것이었다.

이 소녀의 사례처럼 아동 우울증은 가정환경, 특히 부모 사이에서 큰 영향을 받는다. 다만 이 논문의 저자도 언급했듯이 어린이는 자기가 받은 스트레스를 '우울증'이라고 표현하는 일은 매우 드물어서 대개 신체적인 증상이나 소매치기, 머리카락 뽑기 같은 문제가 있는 행동으로 나타나는 편이다.

실제로 전쟁이 끝난 1950년대에는 아이들의 우울증에 관한 논문은 매우 적었다. 그런데 1960년대부터 서서히 증가하기 시작해, 그 이후부터 기하급수적으로 늘어났다.

●● 아동의 양극성 장애를 일컫는 아동 조울병

조울증이라고도 하는 양극성 장애는 성인, 특히 그중에서도 장년기에 많이 발병하며, 아이들에게서는 아주 드물거나 존재조차 하지 않는다고 여겨졌다. 1950년대에도 아동 양극성 장애

사례가 보고되긴 했지만 매우 드물어서 1년에 겨우 논문 한 편이 나오는 해도 있었다. 1960년대와 1970년대를 거치며 소수이긴 해도 사례가 보고되었지만 여전히 빈도는 낮았고, 1979년에는 해당 분야 전문가가 "드물게 존재하는 것을 부정하지 않지만, 나는 그간 단 한 차례도 어린아이의 조울증을 본 적이 없다"라고 할 정도였다.*

그후 보고되는 횟수가 늘기 시작했다. 1990년대에는 ADHD와 공존하기 쉽다는 데 주목하게 됐다. 2000년대에 발표된 논문**에서는 아동 조울증이 성인 조울증과는 달리 ADHD(attention deficit hyperactivity disorder)나 공격적 행동, 비행, 약물 남용 등을 자주 동반하며, 학대나 불우한 환경과 연관이 깊다고 지적했다.

아동 조울증이 비정상적이라고 할 만큼 갑작스러운 증가가 보인 것은 1990년대 후반 이후부터였다. 1994년부터 1995년까지, 그리고 2002년부터 2003년까지, 이 두 시기 사이에 외래로 진료받은 환자 수를 비교하면 10대 양극성 장애는 무려 약 사십

* Levinson, G., "Manic states in affective disorders of childhood and adolescence." Br Med J. 1979 Mar 10;1(6164):684-5.
** Biederman et al., "Pediatric mania: a developmental subtype of bipolar disorder?" Acta Neuropsychiatr. 2000 Sep;12(3):131.

배나 늘었다.*** 유병률로 치면 인구대비 약 1%에 달했다. 이에 반해 20대 이후 양극성 장애의 외래환자 수는 약 1.8배 증가한 데 그쳤다(인구대비 약 1.7%). 불과 20년 전에는 전문가조차 한 차례도 본 적이 없다던 아동 양극성 장애가 어느새 흔한 질병이 된 것이다.

유병률 1%라고 하면 언뜻 높은 빈도가 아니라고 생각할지 모르지만, 이는 양극성 장애 중에서도 Ⅰ형이라고 부르는 격렬한 조증 상태를 보이는 사례의 빈도로, 주요 우울장애(Major depressive disorder)와 경조증을 반복하는 양극성 장애 Ⅱ형 등 조금 완화된 사례까지 더한 아동 양극성 장애의 유병률은 7%에 달한다고 보고되었다(2009년).**** 이처럼 1990년대 후반 이후 수십 년 사이에 과거의 상식을 뒤엎는 사건들이 연이어 일어나고 있다.

*** Moreno et al., "National trends in the outpatient diagnosis and treatment of bipolar disorder in youth." Arch Gen Psychiatry. 2007 Sep;64(9):1032-9.

**** Kessler et al. "National comorbidity survey replication adolescent supplement (NCS-A): III. Concordance of DSM-IV/CIDI diagnoses with clinical reassessments." J Am Acad Child Adolesc Psychiatry. 2009 Apr; 48(4):386-99.

●● ADHD의 폭발:
기원과 정의부터 혼란스럽다

아동 양극성 장애와 인연이 깊다는 ADHD가 폭발적으로 증가하고 있는 것도 '현대의 기이한 병' 중 하나라고 꼽을 수 있다. ADHD(주의력 결핍·과잉행동 장애)는 신경발달장애 중 하나로, 유전적 요인이 70~80%이며 선천적 요인이 매우 강하다고 추정된다. 유전성이 강한 질환이라면 예전부터 존재했을 가능성이 큰데, 지난 수십 년 사이에 급증했다는 것도 기묘한 일이다.

ADHD를 조사한 매슈 스미스(Matthew Smith)에 따르면 아무리 시대를 거슬러 올라가 문헌을 찾아봐도 ADHD 증상을 보이는 인물에 대한 묘사나 기록은 거의 발견하기 힘들다고 한다.[*] 아주 예전부터 존재하는 유전성 장애라면 그와 유사한 사례가 셰익스피어나 몰리에르(Molière; 17세기 프랑스의 극작가이자 배우로서 성격희극으로 유명함-옮긴이) 희극의 등장인물 또는 의학적 문헌에서 찾아질 만도 한데, 전혀 보이지 않았다.

---

[*] 매슈 스미스 『하이퍼 액티브: ADHD 역사는 어떻게 움직였는가』 이시사카 요시키, 하나지마 아야코, 무라카미 아키로 역, 星和書店, 2017년

오늘날 알려진 가장 오래된 ADHD 사례는 1902년 영국의 소아과 의사 조지 프레드릭 스틸(George Frederic Still)이 보고한 내용으로, 과잉행동과 충동성을 특징으로 하는 이십여 가지 사례가 기재되어 있다.

다만 이들 사례는 과잉행동이나 충동성 외에 파괴적 폭력행위나 자해, 죄책감 결여 등을 나타내어 ADHD라기보다는 정서장애나 파괴성 행동 장애로 간주해야 할 정도다. 더욱이 대부분은 시설에 수용된 아이들로, 오늘날이라면 애착장애라고 진단될 가능성이 크다. 유전성이 강하다는 ADHD와 같다고 하기에는 무리가 있다.

과잉행동이나 충동성을 나타내는 아이들에게 다시 한 번 관심이 쏠린 건 1920~1930년대다. 당시 바이러스성뇌염이 미국에서 맹위를 떨치며 많은 아이가 희생되었다. 목숨을 건졌어도 식물인간처럼 몇 년이나 잠들어 있거나 과잉행동, 충동성, 주의산만, 지능 저하, 마비, 경련 발작 등을 일으키는 등 후유증에 시달리는 아이들도 있었다.

이런 아이들을 수용한 병원에서 우연히 각성제인 암페타민을 썼다가 주의산만과 과잉행동에 효과가 있다는 것을 발견했다. 물론 과잉행동이나 충동성, 주의산만 등의 증상은 인정하지만

이는 뇌염 후유증에 의한 뇌의 기질적(器質的) 장애에 따른 것으로, 유전성이 강한 ADHD와 비슷해 보이지만 전혀 다르다는 게 판명되었다. 그로부터 얼마간 아동 과잉행동과 주의산만 등에 거의 관심을 보이지 않았다.

●● 1950~1960년대에 갑자기 눈에 띄기 시작한 '아동 과잉행동'

오늘날의 ADHD에 해당하는 진단이 등장한 건 1957년의 일이다. 아동 정신과의 모리스 라우퍼(Morris Laufer)와 에릭 덴호프(Eric Denhoff)가 '과잉행동 및 충동성 장애'라는 진단개념을 제안한 것이다.

이는 5년 후 '소아기의 과잉반응'이라는 정식 진단기준에 이름을 올리며 '과잉행동'은 금세 시민권을 얻었다. 그도 그럴 것이 때마침 학교에서 차분하지 않고 수업에 집중하지 못하는 아이들이 문제시되고 있었다. 즉 오늘날 ADHD와 유사한 증상은 1950년대 후반부터 1960년대에 걸쳐 미국에서 돌연 눈에 띄기 시작한 셈이다.

이때 무슨 일이 있었던 걸까? 하나는 전후 베이비붐으로 교실에 아이들이 넘쳐났다는 상황을 꼽을 수 있다.

매슈 스미스에 따르면 미국 학교에서는 또 하나의 이변이 일어났다. 바로 유리 가가린(Yury Alekseevich Gagarin; 소련의 군인이자 우주 비행사로, 1961년 인공위성인 보스토크 1호를 타고 지구를 일주함으로써 인류 최초로 우주 비행에 성공함-옮긴이) 소위의 "지구는 푸르다"라는 말과 관계가 깊다. 사상 첫 우주 비행을 소련에서 성공시키자 미국은 큰 충격에 빠졌고, 과학교육에 더욱 주력하는 분위기가 형성되었다.

수학과 과학이 중시되면서 수업에 따라가지 못하고 한눈만 파는 아이들을 더는 관대하게 봐주지 않게 되었고, 급기야 병원에 가서 약을 처방받도록 권장했다. 때마침 1960년대에는 암페타민보다도 작용이 순하고 중독성이 덜하다는 리탈린(Ritalin; 일반명 메틸피니데이트. 중추신경을 자극해서 정신활동을 충실하게 하는 정신흥분제로, 보통의 용량으로는 호흡·맥박에 변화가 없고, 혈압에도 거의 영향을 미치지 않으며, 계속 사용해도 의존성은 나타나지 않음-옮긴이)이 소아 과잉행동 치료제로 발매되었다. 그후 리탈린은 기하급수적으로 판매되기에 이르렀다.

1987년 리탈린을 복용하는 소아는 0.6%였고, 10년 뒤인 1997

년에는 2.7%로 네 배나 증가했으며,* 2011년이 되면서 ADHD 약을 투여하는 아이의 비율은 거의 6%로, ADHD라고 진단받은 아동의 비율은 약 10%나 되었다.**

이러한 사실을 두고 새삼 의문이 생긴 사람들도 많을 것이다. ADHD는 유전성이 강한 신경발달장애가 아니었던가? 마찬가지로 선천적 요인이 강한 신경발달장애인 지적장애나 학습장애의 유병률은 최근 몇 십 년간 거의 변화가 없었다. 그렇다면 이러한 차이는 과연 무엇을 의미하는가? 도대체 무슨 일이 벌어지고 있는 것인가?

●● 공통된 원인은 과연 무엇일까?

예전에는 드물었지만 최근 수십 년간 급증해 의료기관은 물론 일반가정이나 학교에서도 쉽게 마주하게 된 '경계성 인격장

---

* Zuvekas & Vitiello, "Stimulant Medication Use in Children: A 12-Year Perspective." American Journal of Psychiatry 2012 Feb;169(2):160-6.

** https://www.cdc.gov/ncbddd/adhd/data.html

애''섭식장애''아동 기분장애''ADHD' 등의 장애에 대해 살펴 봤다. 이들은 제2차 세계대전 이전에는 매우 드물었지만, 1960년 대부터 서서히 증가하기 시작해 그후 폭발적인 증가세를 보였다. 이는 단순히 우연한 현상일까? 아니면 무언가 공통된 요인이 존재하는 것일까?

사실 '경계성 인격장애''섭식장애''아동 기분장애''ADHD'는 불안정한 애착과 연관성이 깊을 뿐 아니라 어렸을 적 어머니와의 사이에서 불안정한 애착을 보인 아이에게서 발병할 위험이 크게 높아진다는 것이 증명되었다.*, **

예를 들어 섭식장애의 사례에서 전형적으로 보이는 상황을 보면, 지배적이고 보호와 간섭이 지나친 어머니와 미온적이며 무관심한 아버지와의 사이에서 자랐다는 것이다. 어머니는 자식을 위해서 그랬겠지만 실제로는 자기 기준을 자식에게 강요한 것이다. 아이와 공감하기를 어려워하며 아이를 지도한다든가 비난하는 식으로 대하는 경우가 많다. 어머니에게 경계성 인격장

* Lyons-Ruth et al., "Borderline symptoms and suicidality/selfinjury in late adolescence: prospectively observed relationship correlates in infancy and childhood." Psychiatry Res. 2013 Apr 30;206(2-3):273-81.

** Dakanalis et al., "Narcissistic Vulnerability and Grandiosity as Mediators Between Insecure Attachment and Future Eating Disordered Behaviors: A Prospective Analysis of Over 2,000 Freshmen." J Clin Psychol. 2016 Mar;72(3):279-92.

애가 있는 경우 아이에게도 비슷한 경향이 나타난다.

이전부터 경계성 인격장애나 섭식장애, 기분장애, 해리성 장애 등에 불안정한 애착이 영향을 미치고 있다고 지적해왔다. 그에 반해 ADHD는 유전적 요인이 강한 신경발달장애로 보고, 양육 요인 등은 전혀 관계가 없다고 전문가들은 주장해왔다.

그런데 유전자에 관한 연구가 폭넓게 이뤄지면서 유전자의 관여만으로는 도무지 설명되지 않는 부분이 명확해졌고, 최근에는 유전 요인과 환경 요인과의 상호작용에 의한 부분이 상당히 크다고 보고 있다. 그중에서도 양육환경의 영향을 받는다는 것이 알려졌다. 예를 들어 보호시설 아동 중에 ADHD로 진단받는 비율은 일반 아동과 비교하면 몇 배나 된다. 학대를 받은 아이는 ADHD 발병 위험이 큰 폭으로 높아진다.*

이러한 사실에 대해서 전문가들은 ADHD라서 학대받는다거나 부모도 ADHD 경향이 있어서 학대한다는 식으로 설명하며, 학대를 받아서 ADHD가 발병하는 건 아니라고 주장해왔다. 그러나 실제로는 달랐다. 학대가 뇌 체계 자체에 이변(異變)을 일으키고 주의력 결핍이나 과잉행동과 같은 여러 행동과 정신 증상을 발생시킬 가능성이 충분하다는 것이 명백해졌다.**

더욱이 어릴 적 입양되어 양육자가 교체되기만 해도 ADHD

위험이 몇 배나 높아진다는 것도 알려졌다.*** 특히 학대를 받은 사례에서 자주 보이는, '무질서형'이라고 부르는 매우 불안정한 애착을 보이는 경우, 나중에 ADHD 증상이 나타날 위험이 매우 크다. 이렇듯 부모와의 애착이 얼마나 안정적인가는 아이의 신경 기능 발달장애의 지표인 인지기능보다도 ADHD 증상을 좌우했다.

이밖에도 의존증(약물, 도박, 섹스, 인터넷 등), 막연히 죽고 싶어 하는 자살염려(suicide idea; 강한 강점에 결부되어 생기고 끊임없이 뇌리에서 떠나지 않는 죽고 싶다는 사고방식을 말함–옮긴이), 해리성 장애, 원인불명의 신체 질환, 만성 통증, 학대, 가정 내 폭력(DV), 따돌림, 이혼, 비혼, 섹스리스 등도 불안정한 애착을 위험 요인으로 꼽는다. 이는 현대사회에서 문제시되고 있는 요소들이다. 이처럼 현대인의 고된 삶과 번뇌의 뿌리에는 애착 문제가 연관되어 있다는 것이 분명해졌다.

* González et al., "Evidence of concurrent and prospective associations between early maltreatment and ADHD through childhood and adolescence." Soc Psychiatry Psychiatr Epidemiol. 2019 Jun;54(6):671-82.

** Puetz et al., "Altered brain network integrity after childhood maltreatment: A structural connectomic DTI-study." Hum Brain Mapp. 2017 Feb;38(2):855-68.

*** Keyes et al., "The mental health of U.S. adolescents adopted in infancy." Arch Pediatr Adolesc Med. 2008 May;162(5):419-25.

애착은 미국의 정신의학자 르네 스피츠에 의해 발견되었다. 스피
츠는 아동 보호시설과 교도소 부속 모자원 아이들의 차이를 통해
'호스피탈리즘'의 개념을 만들었다. 영국의 정신과 의사 볼비는
애정과 돌봄을 주는 존재인 어머니의 중요성에 대해 논하며 '모자
관계 이론'을 주창했고, 미국의 심리학자 해리 할로우의 '새끼원
숭이 실험'에 의해 애착의 존재가 증명되었다. 3장에서는 애착의
발견 과정에 대해 알아보고, 다자이 오사무와 미시마 유키오의 사
례를 통해 애착 유형에 대해 설명한다.

3장

생명을 이어주는
소중한 장치,
애착

● 애착의 발견과 심신에 미치는 작용: 르네 스피츠의 공헌

현대사회의 병리를 이해하는 가장 큰 열쇠는 '애착'이다. 그러나 비교적 최근에 와서야 애착이 생존과 심신의 건강, 발달에 없어서는 안 되는 역할을 하고 있음을 알게 됐다.

원래 20세기 전반까지는 아이들에게 '마음의 문제' 등은 존재하지 않는다는 것이 일반적인 상식이었다. 아이들이 어딘가 이상하게 행동해도 정신적인 문제라기보다 도덕적인 훈육의 문제라고 보았다. 이러한 경향은 지금까지도 남아 있다.

예전에는 어머니의 애정이 아이가 성장하는 데 오히려 방해 요인이라고까지 여겨졌다. 정신분석도, 행동주의 심리학도 부권주의 흔적이 강하게 남아 있어서 어머니는 마치 필요악인 양 생각되었다.

이러한 생각에 대해서 위니캇(Donald Woods Winnicott; 영국 출신의 소아과 의사, 정신의학자, 정신학자로, 대상관계론 영역에서 널리 알려져 있음-옮긴이)과 안나 프로이트(Anna Freud; 독일 출신 정신분석학자로, 정신분석학의 창시자 지그문트 프로이트의 딸이며 아동 심리학 부문의 권위자-옮긴이)와 같은 아동정신의학자 선배들은 의구심을 품기 시작했다. 하지만 어머니와 아이 사이는 단순히 심리적 대상이나 욕구를 충족시켜주는 존재의 연결일 뿐, 그이상의 의미가 있다고 생각하지는 않았다.

이렇게 누구도 상상하지 못했던 것을 미국의 정신의학자 르네 스피츠가 최초로 명확한 형태로 세상에 알렸다.

애착을 발견하는 데 선구적으로 공헌한 르네 스피츠는 1887년 빈에서 태어났다. 빈은 당시 오스트리아(헝가리 제국)의 수도였으며, 아버지는 '헝가리 석유왕'으로 불릴 정도의 사업가였다.*르네의 아버지는 아들이 자신의 사업을 잇기를 바랐지만, 스피츠는 이미 의사가 되기로 결심한 후였다. 부자는 격렬하게 대립했지만 스피츠는 자기의 고집을 꺾지 않았다. 베를린과 부다페

* 니와 요시코(丹羽淑子) 『어머니와 유아의 대화: 르네 스피츠와 유아 심리임상 전개』, 山王出版, 1993년(※이하 스피츠에 관한 기술은 이 책을 따름)

스트에서 의학을 익힌 스피츠는 정신분석에 관심이 생겼고, 스스로 프로이트 분석치료를 받기도 했다.

제1차 세계대전이 시작되자 스피츠에게는 긴 군대 생활이 기다리고 있었다. 전쟁은 조국의 패배로 끝났고, 전후 혼란 속에 스피츠 자신도 가족도 몇 번이나 위험한 상황에 맞닥뜨리며 지내야 했다. 아버지의 사업을 도우려고 이탈리아의 탄광 경영에 관여하며 트리에스테(Trieste; 이탈리아 북동부 프리울리베네치아줄리아주의 주도로 베네치아와 마주 보고 있는 항구도시-옮긴이)에서 수년간 지내기도 했다. 그러나 아버지의 탄광과 해운회사는 결국 국영화되었고, 아버지도 사장직에서 물러나게 되자 스피츠는 더는 이탈리아에 머물 이유가 없어졌다.

유럽에서는 파시즘 바람이 일기 직전이었다. 나치스가 유대인 배척을 선동하는 중에 유대인이었던 스피츠 가(家)는 몸둘 곳이 점차 줄어들었다. 아버지의 후계자가 아닌 의사를 선택한 건 현명한 판단이었는지도 모르겠다. 스피츠는 각지를 전전하며 지내다가 베를린에서 유대인 대학살이 시작되자 파리로 이동했다. 1933년의 일이었다.

파리에서의 생활은 생각만큼 쉽지 않았다. 의학박사 학위가 있는 의사였지만 그것은 독일어권에 있을 때의 이야기였고, 프랑스어에 능숙하지 못했던 스피츠는 프랑스에서 정식 의사로 인정받지 못했다.

별 도리 없이 '영적 마사지사'라는 자격으로 정신분석치료를 시작한 그에게 때마침 생각지도 못한 기회가 날아들었다. 소르본 대학이 정신분석 강의를 의뢰해온 것이다. 그에게 주어진 주제는 아동발달이었다.

●● 아동발달과의 만남:
철저한 관찰과 방대한 기록

스피츠는 직접 찾은 아동발달에 관한 문헌을 바탕으로 강의했다. 그러는 동안 그의 마음속에는 커다란 의문이 생겨났다. 정신분석 논의는 이론에 이론을 더할 뿐, 실제 유아기에 관한 객관적 자료가 너무 빈약하다 보니 마치 사상누각을 쌓고 있는 것만 같았기 때문이다.

정신분석의 대가인 프로이트나 아동분석학의 선구자 멜라니 클라인(Melanie Klein; 영국의 정신분석학자로, 대상관계이론의 창시자이며 어린이의 정신치료에 놀이치료를 처음으로 도입함-옮긴이)이

유아 심리에 대한 이론을 전개했으나 근거로 삼은 사례는 두세 건밖에 되지 않았다. 이 와중에 훌륭한 이론을 수립해낸 것이다. 르네는 더욱 철저하게 아이들을 관찰해 얻은 데이터를 바탕으로 논의할 필요성을 느꼈다.

스피츠는 적극적으로 행동했다. 당시 아동연구로 알려진 빈의 카를 뷜러 부부[독일의 심리학자인 카를 뷜러(Karl Bühler)와 샤롯데 뷜러(Charlotte Bühler)-옮긴이]에게 가서, 시설에 수용된 고아와 유기된 아이들을 관찰했다. 그는 그저 보고 관찰하는 게 아니라, 당시로서는 획기적인 방법을 사용했다. 뷜러 부부가 어떻게 해야 객관적으로 기록할 수 있을지 고민하자 스피츠는 주머니에서 홈 무비를 꺼냈다. 지금으로부터 80여 년 전의 일이다. 그의 사진취미가 도움이 된 것이다. 스피츠는 1년 반 정도 체류하는 동안 몇천 시간이 넘는 방대한 기록을 필름에 담았다. 어머니를 뺏긴 아이들에게서 보이는 이상 행동과 반응은 누가 봐도 명백한 형태로 기록되었다.

스피츠가 방대한 필름을 가지고 빈을 떠난 직후, 세계 역사상 일대 사건이 일어났다. 나치스 독일이 오스트리아를 침공하며 제2차 세계대전을 일으키고 나치스의 그림자가 드리워지고 있었던 것이다. 파리도 안전하지 않았다. 스피츠는 미국으로 망명

했다. 이러한 고난은 생각하지도 못했던 선물을 가져왔다.

스피츠는 미국에서도 아이들 연구를 계속하려 했지만 특별히 연고도 없는 타국에서 의사 자격도 없는 망명자에게 수유기 아이를 관찰할 만한 장소를 내어줄 곳이 있을 리 만무했다.

어렵사리 그를 도와준 곳은 여성교도소 부속 모자원이었다. 복역 중인 여성 재소자가 아이를 낳았을 때 갓 태어난 아기들을 돌보면서 지내는 시설이었다. 스피츠는 5년간 모자원에 드나들면서 유아 40여 명의 성장 과정을 필름에 담았다. 더욱이 라틴 아메리카 보호시설에서도 반년간 체류하며 관찰과 기록을 계속했다(스피츠는 조사에 협력해준 나라의 명예를 위해 국가명을 밝히지 않았다).

●● 아동 보호시설 아이들과 교도소 부속 모자원 아이들의 차이

그러면서 스피츠는 교도소 부속 모자원의 환경이 유기 아동이나 고아들이 수용된 보호시설보다 훨씬 열악한데도 아이들이 건강하게 무럭무럭 자라는 것을 알게 됐다. 사실 보호시설에서는 많은 직원이 낮이고 밤이고 일하고 있는데도 아이들의 상태가 비참하기 짝이 없었다. 스피츠가 기록 필름을 소아과학회 모임 장소에서 처음으로 상영했을 때, 절망한 아이들의 가련한 모습에 의사들 대부분이 눈물을 참지 못했다고 한다. 무엇이 이런 차이를 만들어냈을까?

아동 보호시설에서는 시설 직원이, 교도소 부속 모자원에서는 어머니가 돌본다는 차이밖에 없었다. 교도소 모자원에도 직원은 있었지만 직접 보살피기보다 어머니들이 돌보는 모습을 감독하고 있었다. 어떤 면에서는 그다지 친절하지 않아서 다행이었는지 모른다.

보호시설 직원들도 열심히 아이들을 돌봤지만, 어머니를 잃은 아이들의 절망까지는 달래주지 못했다. 특히 한 살 미만에 어머니를 잃고 보호시설에 수용된 아이들은 확실히 생기도 없어 보였고, 질병에 대한 면역력도 점점 떨어졌다. 더욱이 그 아이들은 언어·운동·사회성 등 생활 능력이 전반적으로 저하되어 있었으며, 두 살이 되어도 말을 한 마디도 못 하거나 못 걷는 아이가 많았다. 발달지수(연령별 발달을 100으로 함)는 평균 72밖에 되지 않았다.

교도소 부속 모자원에서 지내는 아기는 만 한 살이 되면 외부

시설로 옮겨야 하는데, 적어도 모자원 체류를 허락받은 기간 동안 아이들은 활기 가득하고 호기심이 왕성했으며, 말이나 걸음마를 시작하는 아이도 있었다. 발달지수는 일반가정의 아이들과 다르지 않은 105였다.

여기서 특히 주목할 점은 교도소에서 어머니가 된 여성들은 비행(非行)이나 범죄 등 문제를 일으켰다는 것이다. 반면에 보호시설에 입소한 아이들의 어머니는 불운했지만, 범죄 이력이나 행동 상 문제가 없었다. 즉 '보통' 어머니에게서 태어나서 어머니 품에서 자라지 못한 아이들보다, 범죄를 저질렀더라도 어머니 손에서 자란 아이들이 더 몸과 마음이 건강하게 발달하는 힘을 건네받을 수 있었다.

아이들에게 일어난 이러한 문제를 스피츠는 '호스피탈리즘(Hospitalism, 시설 증후군)'이라고 부르고, 기계적인 양육 속에 정서적 교류가 부족한 결과 생기는 비극이라고 생각했다. 스피츠는 진실 가까이에 접근했으면서도 직면한 상황의 진의까지는 이르지 못했다.

◖● 볼비의 연구:
피난 아동과 전쟁고아 조사

영국의 정신과 의사 볼비(Edward John Mostyn Bowlby; 영국의 심리학자이자 정신과의사이자 정신분석학자로, 아동발달을 연구했으며 애착이론을 창시함–옮긴이)는 스피츠보다 조금 늦게 피난처에서 부모와 떨어지게 된 아이들에게 일어난 이변에 주목했다.

새내기 의사 시절에 볼비는 비행소년을 위한 시설에서 일했던 적이 있었는데, 당시 그는 소매치기한 소년 모두가 어머니와의 관계가 불안정하다는 것을 알고 깜짝 놀랐다. 그리고 피난처 아동들에게 반항이나 비행, 은둔, 건강부진 등의 이변이 빈번한 것을 보고, 이른 시기에 어머니와 분리될 경우 초래되는 영향이 얼마나 큰지 통감했다.

제2차 세계대전이 끝나자 전쟁고아 문제가 심각하게 대두되었다. 시설에는 전쟁으로 부모를 잃은 아이들이 넘쳐났다. 이에 WHO(세계보건기구)는 볼비에게 전쟁고아에 대해 조사해달라고 의뢰했다.

조사를 맡은 볼비는 그들이 영양 등이 충분해도 발달·정서·행동에서 심각한 문제가 있었다고 보고하고, 모성 박탈이 그 원인이라고 결론지었다. 어머니를 빼앗기는 일이 아이들에게 중대한 장애를 일으킨다는 것이 명확한 형태로 증명된 셈이다.

스피츠도 같은 현상을 목격하고는 시설에서의 기계적인 돌봄 보다는 정서적 교류 부족이 원인이라고 생각했다. 하지만 볼비 는 한발 더 나아가 타인이 아니라 어머니에게 돌봄을 받는 것이 중요하다고 주장했다.

그러나 당시 학회와 관련 전문가들은 스피츠도 볼비도 조롱 했다. 어머니의 애정 등을 중시하는 것 자체가 우습기 짝이 없 다며 호되게 비판한 것이다. 이 시점에서는 볼비도 아직 아이들 에게 일어난 현상의 본질적 의미를 알아차리지 못했다. 어디까 지나 '애정과 돌봄을 주는 존재'인 어머니를 빼앗기는 게 문제 라고 여겼다.

●● 할로우의 실험: 붉은털원숭이의 생존과 발달을 뒷받침하는 애착

이때 돌파구를 만들어낸 사람이 바로 미국의 심리학자 해리 할로우(Harry Frederick Harlow; 미국의 심리학자로서, 붉은털원숭이

헝겊 대리모 실험으로 유명함-옮긴이)다. 할로우는 위스콘신 대학 연구실에서 붉은털원숭이를 키우려고 악전고투중이었다. 전문 사육사가 돌보는 실험용 동물이 매우 비싸다 보니 데려오기에 는 연구비가 턱없이 부족해 스스로 키우게 된 것이다.* 이는 고 난의 시작이었으나 동시에 그에게 뜻밖의 발견과 성과를 가져 다주었다.

사실 할로우는 부모로부터 분리된 새끼원숭이를 아무리 실내 온도와 먹이에 신경 쓰며 키워도 모두 죽어버리는 상황에 직면 해 있었다. 혹여 살아남았더라도 반응이 거의 없거나 날뛰거나, 같은 행동을 반복하는 등 장애가 심각해 심리실험에 사용할 상 태가 아니었다.

시행착오를 겪던 중에도 발견은 있었다. 새끼원숭이가 우리 바닥에 깔아둔 헝겊 조각에 매달리는 게 아닌가. 심지어 헝겊을 뺏으려고 하면 새끼원숭이는 극도로 불안해했다. 그래서 헝겊으 로 둘러싼 인형을 우리 안에 넣어주자 새끼원숭이는 온종일 인 형을 붙잡고 지냈다. 이처럼 뭔가 잡고 있을 물건이 있는 것만

---

* 데보라 블럼(Deborah Blum)『사랑을 과학으로 측정한 남자: 이단의 심리학자 해리 할로우 와 원숭이 실험의 진실』후지사와 타카시 외 역, 白揚社, 2014년 (※이하, 할로우에 관한 기술 은 이 책을 따름)

으로도 새끼원숭이의 상태는 안정됐으며, 건강이나 발달 면에서
도 호전되었다.

또한 청소하기 위해 인형을 우리에서 꺼내려고 하면 새끼원
숭이는 마치 세상의 종말이라도 맞은 양 크게 울어댔다. 즉 새
끼원숭이들은 인형에 강하게 집착하고 있었던 것이다. 더욱이
인형을 한 번이라도 더 보려고 레버 누르기 과제도 그야말로 필
사적으로 해냈다.

인형을 천장에 매달고 새끼원숭이의 움직임에 따라 인형이
흔들리게 하자, 그때부터 새끼원숭이는 더욱 건강해지고 발달도
좋아졌다. 그렇지만 어머니 원숭이의 손에 자란 새끼원숭이보다
는 확연하게 건강해 보이지 않았고, 발달이 늦었으며, 사회성도
부족했다.

일련의 실험을 통해 자식에게 어머니란 돌봐주거나 젖을 물
려주는 존재라기보다 매달리고 의지할 수 있는 존재임이, 일단
집착이 생겨나면 다른 무엇과도 바꾸지 못하는 특별한 존재임
이 증명되었다. 또한 이렇게 '특별한 존재'에 대한 집착이 새끼
원숭이의 안정감뿐 아니라 발달과 생존까지 지탱해주고 있었다
는 것이 밝혀졌다.

바로 그즈음 볼비는 특정한 양육자와의 연결이 안전감과 생

존·적응을 유지하는 데 매우 중요한 역할을 한다며, 이렇게 특별한 유대관계를 '애착(attachment)'이라고 불렀다. 할로우의 실험은 애착의 존재를 그대로 증명해준 셈이다.

이러한 과정은 심리학적이라기보다 포유류에게서 널리 공유되는 생물학적 현상이며, 심신의 건강과 생명에도 관련되었다는 게 점차 밝혀졌다.

●● 옥시토신은 외부 스트레스와 불안으로부터 심신을 지킨다

그후 볼비가 제창한 모자 관계 이론은 생리학적으로도 증명되었다. 애착은 옥시토신(oxytocin)과 바소프레신(vasopressin)이라는 호르몬으로 유지되는 생물학적 메커니즘이기도 한데, 옥시토신의 작용이 마침내 밝혀지면서 동시에 체내에서 무슨 일이 일어나는지도 알게 된 것이다. 이것은 정말로 놀라운 메커니즘이었다.*

* 샤스틴 우브네스 모베리(Kerstin Uvnäs Moberg) 『옥시토신: 우리의 몸이 만드는 편안함의 물질』세오 토모코, 다니가키 아케미 공역, 晶文社, 2008년

옥시토신은 원래 수유와 분만을 유도하는 호르몬으로 널리 알려져 있었다. 즉 옥시토신은 원시적인 호르몬으로 취급되었으며, 스트레스 호르몬으로도 알려진 부신피질 호르몬 등에 비해서도 경시되었다.

그런데 20세기가 끝나갈 즈음부터 옥시토신의 의외로 놀라운 작용이 차례로 밝혀졌다. 그중 하나가 육아와 돌봄과 같은 모성 본능에 관여할 뿐 아니라 유대관계 유지에 꼭 필요한 역할도 하고 있었다는 점이다. 옥시토신이 제대로 작용하지 않으면 특별한 관계를 잃게 되고, 유대관계가 무너지거나 육아를 포기하는 등의 일이 생겼다.

더욱이 옥시토신에는 스트레스와 불안을 완화하는 작용이 있음을 알게 됐다. 애착은 사랑하는 사람과 접촉하면 활성화되는 체계인데, 옥시토신의 작용이 활발해지면 외부 스트레스로부터 불안해하지 않고 자신의 몸과 가족을 지킬 수 있게 된다. 스트레스 호르몬과는 완전히 정반대로 옥시토신은 스트레스로부터 우리를 보호해주는 역할을 하고 있었다.

면역계나 성장호르몬의
작용에도 영향

따라서 애착이 불안정하고 옥시토신이 원활하게 작용하지 않으면 스트레스를 잘 받으며, 행복도가 저하될 뿐 아니라 스트레스 호르몬이 왕성하게 분비되고 심신의 질병에도 잘 걸리게 된다. 앞서 1장에서 이야기한 A씨에게는 몸과 마음에서 수많은 이변과 우울증, 기분의 고저, 불안, 섭식장애, 의존증 등 다양한 증상들이 차례로 일어났다. 만약 이것이 옥시토신의 '스트레스로부터 심신을 지켜주는 작용'이 약해진 탓이었다고 하면, 모든 상황이 이해가 된다.

이밖에도 옥시토신은 사회성을 높이고 친밀함을 느끼게 하거나 관대해지며 기분이 좋아지게 하는 등 대인관계를 원만하게 만드는 데도 중요한 역할을 한다고 알려졌다. 또한 과잉행동이나 주의산만에도 깊이 관여한다는 것이 밝혀졌다.

옥시토신은 끈기가 필요한 육아에 어머니가 전념하도록 안정감을 높여준다. 이러한 작용이 잘 미치지 않으면 과잉행동과 충동성, 주의산만이 일어나기 쉽다. 이는 발달장애에서도 보이는 증상들이지만, 사실 애착이 제대로 작용하지 않아도 똑같은 일이 벌어진다. 옥시토신의 작용이 밝혀지면서 애착장애가 있는 아이가 왜 ADHD나 자폐증과 비슷한 상태를 보이는지 사람들은 단번에 이해하게 됐다.

옥시토신은 정서적·인지적·신체적 발달에도 중요해서, 애착이 불안정한 아이는 지적 발달 면에서도 불리하게 작용한다. 면역계와 성장호르몬의 작용에도 관여해서 애착장애가 있는 아이는 성장이 멈추고, 감염증에 잘 걸리며, 자가면역이나 알레르기 질환에 시달리기도 한다.

부모에게 애정을 받지 못한 아이가 일찍 사망하는 게 심리적인 요인 때문만은 아니었다. 즉 성장과 생존을 지키는 생명의 토대는 바로 옥시토신으로 유지되던 애착 체계였다.

◐● 네 가지 애착 스타일: 보통 가정의 모자 관찰

볼비는 모자 관계 이론을 구축한 장본인이지만, 고군분투해야만 했다. 그의 이론을 이해해준 사람도 연구를 도와주던 사람도 거의 없었기 때문이다. 어쩔 수 없이 신문에 공동 연구자를 모집한다는 광고까지 내야 했다.

　여기에 지원한 사람이 미국 출신 여성 심리학자인 메리 에인스워스(Mary Dinsmore Salter Ainsworth; 캐나다 출신의 발달심리학자이자 핵심 애착이론가–옮긴이)였다.[*] 그녀는 남편의 부임지를 따라 미국을 떠나온 지 얼마 되지 않아서 영국에 퍼진 볼비에 대한 '악평'을 몰랐다. 다행히 에인스워스는 볼비의 연구에 흥미가 있었고 그를 돕게 되었다. 그녀는 시설에 있는 고아가 아니라 보통 가정에서 자란 아이들과 어머니를 관찰하는 일을 도맡았다.

　보통 가정이라면 볼비가 말하는 모자 사이의 애착이 분명하게 보여야 했다. 그러나 에인스워스는 관찰을 계속할수록 모자 사이의 유대관계는 모자에 따라 유형이 다르다는 것을 알아차렸다. 매우 안정적인 유대관계를 보인 모자가 있었는가 하면, 심하게 울고 화내는 사이도 있었고, 반대로 서로 무관심해 냉랭한 모자도 있었다. 각각의 형태를 '안정형, 저항·양가형, 회피형'으로 부르게 되었다.

　에인스워스는 남편의 전근 덕분에 영국뿐 아니라 아프리카의

---

[*] 데이비드 월린(David J. Wallin)『애착과 정신요법』2010년 학지사에서『애착과 심리치료』라는 제목으로 번역 출판됨. 쓰시마 토요미 역, 星和出版, 2011년

우간다와 미국의 볼티모어에서도 같은 조사연구를 계속했는데, 모자 사이의 애착과 유형은 지역에 상관없이 보편적임을 관찰했다. 다만 에인스워스를 놀라게 한 것은 우간다에서는 거의 보이지 않았던 회피형이 볼티모어에서는 매우 많이 눈에 띈다는 점이었다.

그후 더욱 불안정하고 혼란스러운 '무질서형'이라고 부르는 애착 형태도 알려졌다. 이는 일종의 정서불안으로, 언제 화를 낼지 알 수 없는 어머니의 손에 자란 아이에게서 나타났다. 아이는 어머니의 모습에 따라 확연히 다르게 반응했다. 학대받으며 자란 아이에게 나타나는 특징적인 모습이다.

애착 유형은 항상성이 상당해서, 한 살 미만일 때 안정형이었던 사람은 성인이 되어도 70%는 안정형으로 있었다. 나머지 30%는 도중에 불안정형으로 바뀌었다. 이들 사례를 보면 학대당하거나 부모가 사별하거나 이혼 또는 중병에 걸리는 등 가혹한 경험이 있었다.

이렇듯 애착 유형은 10대 후반에는 애착 스타일로 확립된다. 성인에게는 '안정형, 불안형(집착형), 회피형(애착 경시형), 미해결형'과 같은 명칭을 사용한다.

●● 불안형의 사례: 다자이 오사무

똑같이 애착장애를 겪더라도 그로 인해 괴로워하는 사람이 있다. 반면에 별일 아니라며 툭툭 털고 아무렇지 않게 행동하는 사람도 있다.

전자를 '불안형' 혹은 '집착형'이라고 부르는데, 이들은 과도할 정도로 애착에 매달린다. 일이나 돈보다도 상대에게 사랑받고 있는지, 모두가 날 알아주는지가 더욱 절실한 문제다.

반대로 후자는 '회피형' 또는 '애착 경시형'이라고 부르는 유형으로 괴로움 따위는 없는 것처럼 보인다. 하지만 갑자기 몸에 증상이 나타나거나, 알코올에 의존하거나, 생각지도 못한 비극적 결말을 맞기도 한다. 겉으로는 무감각하게 보이지만 애써 참고 있었다는 걸 나중에야 깨닫게 된다.

일본을 대표하는 두 작가, 다자이 오사무(太宰治)와 미시마 유키오(三島由紀夫). 이들 모두 애착장애가 심각했지만, 삶에서는 대조적인 차이를 보였다. 두 사람은 불안형과 회피형이라는 두 애착 스타일의 차이를 이해하는 데 안성맞춤의 사례다.

쓰가루(津軽)의 대지주 가문에서 태어난 다자이 오사무는 처음부터 다자이의 출생을 바라지 않았던 어머니에 의해 태어나 자마자 수양아들로 보내진다. 본가에 다시 맡겨졌을 때도 그의 어머니는 다자이를 유모와 하녀 손에 맡기고는 냉랭하게 대했다.

다자이는 누구보다 부모에게 사랑받고 싶었지만 바람이 이뤄지기는커녕 부모의 냉정함을 뼈저리게 느꼈을 뿐이었다. 상처받은 다자이는 자포자기하며 도쿄대학 재학 중에 연인과 동반 자살 사건을 일으켰으며, 자신의 바람과는 달리 부자 인연이 끊기게 된다. 이후로도 그는 술과 마약에 빠져서 여러 차례 동반 자살을 시도한 끝에, 결국 다마강(玉川)에서 돌아오지 못할 사람이 되었다.

유서라고 할 만한 『인간실격』에는 자신에 대한 고백이 담겨 있다. 어릴 적부터 타인에게 툭 털어놓지 못하는 거리감을 품고 있었고 누군가 알아주기를 바라며 익살스럽게 행동하지만, 타인과의 사이에 놓인 위화감을 씻어내지 못하는 자신과 그런 모습을 바라보는 또 하나의 자신이 있었다고 말이다.

이는 애착장애가 있으면 타인과 관계를 맺는 일이 얼마나 힘든지, 그 때문에 삶이 얼마나 힘겨운지를 적나라하게 그리고 있다. 어머니에게조차 마음 터놓고 응석을 부리지도 못하고 친밀감도 맛보지 못했던 사람이 어떻게 타인과 신뢰하며 관계를 맺을 수 있을까. 이렇게 근본적 불행을 극복하지 못한 다자이는 스스로 인생에 종지부를 찍었다.

●● 회피형의 사례: 미시마 유키오

다자이에게 경쟁의식이 열렬했던 이가 바로 미시마였다. 바탕에 공통된 병이 뿌리내리고 있음을 본능적으로 느꼈던 게 틀림없다. 그러나 미시마는 특유의 오만함으로 다자이를 겁이 많고 유약한 존재라며 멸시했으며, 자기는 전혀 다르다고 더욱 강조하려 들었다. 이를테면 이런 식이다. "다자이의 성격적 결함 중 적어도 절반은 냉수마찰이나 기계체조 혹은 규칙적 생활로 고칠 수 있다"라고 말이다.

다자이가 술과 약물을 탐닉하며 여자와 동반 자살을 여러 차례 시도하는 모습을 보인 반면, 미시마는 규칙적인 생활을 지키고 검도와 보디빌딩으로 몸을 단련했다. 그러나 결국 그도 자살이라는 최후를 피하지 못했다. 잘 다져진 육체에 칼을 세워 사랑한 남자에게 자기 목이 베어지는 운명임을 알았다면 여자와 동반 자살한 다자이를 비웃을 수 있었을까. 적어도 냉수마찰이나 규칙적인 생활만으로 회복될 만한 문제는 아니었던 모양이다(흔히 미시마 유키오는 할복자살을 했다고 나오는데, 일본에서는 자살하는 사람이 고통을 받지 말라는 뜻에서 할복 후에 심복과 같은 사람이 목을 쳐서 숨통을 끊어줌. 미시마도 일명 '미시마 사건'에 함께 참가한 청년들의 손에 마지막 일격이 가해졌음-옮긴이).

우수한 형 밑에서 존재감이 희미했던 다자이에 비해 일가의 장남으로 태어난 미시마는 할머니의 총애를 듬뿍 받았다. 특히 미시마는 할머니와 둘이서 지냈던 탓에 어머니의 품에 안기는 일조차 쉽지 않았다. 어머니는 수유 시간이나 되어야 젖을 물릴 정도였다.

미시마는 아무나하고 놀지도 못했다. 다치면 큰일이라며 여자아이들하고만 놀아야 했다. 어지간한 과잉보호 속에서 자랐다. 게다가 허약하고 비쩍 말라서 입영 신체검사에서 불합격을 받을 정도였다.

항상 누구보다 더 대접받으며 애지중지 자란 미시마는 육체적으로는 허약했어도 자신감과 자기 긍정감만은 늘 차고 넘쳤다. 늘 인정받고 칭찬받으며 자란 결과였다.

중학생이 되고서야 미시마는 어머니와 함께 지내게 되었지만,

이미 어머니에게 응석 부릴 만한 나이는 아니었다. 함께 지내게 되면서부터는 그간의 부족함을 메우기라도 하듯이 대화하는 시간도 늘렸지만, 보통의 어머니-아들처럼 편한 관계라고 하기에는 조금 차이가 있었다.

어린아이처럼 응석 부릴 줄 모르는 미시마는 자기 할 일을 하고 성실하게 노력하는 습관을 들였다. 어휘력을 키우기 위해 두툼한 국어사전 한 권을 통째로 모두 외울 기세로 철저하게 학업에 정진했다. 이렇게 끊임없는 노력으로 도쿄대 법학과에 이어 대장성(大蔵省, Ministry of Finance, MOF; 우리나라의 기획재정부에 해당하는 정부 부처)에 들어가기까지 마치 그림에 그린 것 같은 엘리트 코스를 밟았다.

인생에 걸림돌 하나 없어 보였던 그도 어머니의 손길이 닿지 못했던 탓에 심각한 애착장애가 있었다. 그의 출세작인 『가면의 고백』은 동성애와 마조히즘 같은 성적 도착이 있었다고 고백하는 내용으로 알려졌다. 하지만 가장 근본적인 문제는 그가 자기 존재와 삶에 대해 뿌리에서부터 위화감을 안고 있었으며, 타인을 존재 자체로 사랑하지 못하는 장애였다는 것이다. 이는 다자이가 『인간실격』에서 이야기한 힘겨운 삶과 본질이라는 면에서 같다.

미시마는 다자이와의 차이를 강조하기 위해서 뭔가 다르게 꾸며야 했다. 어쩌면 자신의 성적인 문제를 드러냄으로써 작품에 신선미와 충격을 주고 싶었던 건 아닐까. 성적인 부분과는 차원이 다른 문제로 그의 삶과 사랑 자체가 워낙 순탄치 못했지만 말이다.

●● '자신만만 자기애형'은 또 다른 회피형

원래 애착 타입은 한 살만 돼도 이미 차이가 드러나는데, 이후 성장 과정을 통해 다양한 수식을 받거나 선천적 기질과 후천적 체험이 융합하면서 여러 갈래로 진화해간다. 최종적으로 완성된 인격은 특성이 완전히 딴판이어서 같은 회피형이라고 보이지 않을 정도다.

회피형 같은 경우 크게 두 갈래로 나뉜다. 하나는 내성적 타입으로, 자기주장을 하거나 타인과 적극적으로 접촉하기를 꺼리며 행동을 억제한다. 또 하나는 오만한 타입으로, 건조하고 공감 능력이 부족하며 상대를 업신여기고 자기 마음대로 행동한다. 자기주장이 강하고 태도는 고압적이며 상대를 힘이나 논리로 굴복시키려고 든다.

두 타입 모두 타인에게 마음을 터놓지 않거나 정서적인 접촉은 피하려고 하는 공통점이 있다. 또한 회피형 애착 스타일을 보이지만, 행동과 태도에서는 완전히 다른 인상을 준다. 내성적이며 자기만의 세계에 빠져 친구가 없어도 아무렇지 않은 사람과, 자신만만하고 사람을 사람으로 여기지 않으며 자만이 심한 사람 모두 회피형이다. 유전적 기질과 이후 경험에 따라 언뜻 보기에는 인격이 완전히 다르게 보인다.

전자는 좁은 의미에서의 '회피형', 후자는 '자기애형'이라고 부르기로 하자. 전자에는 분열성 성격장애(Schizoid Personality Disorder, SPD; 대인관계 및 사회활동에 대한 욕구가 없고 비현실적인 양상이 나타나는 성격장애-옮긴이)와 같은 타입이, 후자에는 반사회적 인격장애(Antisocial Personality Disorder, ASPD; 타인의 권리를 대수롭지 않게 여기고 침해하며 반복적인 범법행위나 거짓말, 사기성, 공격성, 무책임함을 보이는 인격장애-옮긴이)처럼 냉혹하고 타인을 무자비하게 착취하는 타입이 포함된다.

●● 적당한 응답과 공감: '안전기지'가 안정된 애착을 키운다

앞서 소개한 에인스워스는 애착 연구에서 '아이와 안정된 애착을 보인 어머니와 그렇지 않은 경우의 차이는 과연 무엇일까'에 대해 끈기 있게 연구하고 관찰한 결과 또 한 가지의 중요한 발견을 했다.

전자의 어머니는 자기 아이에게 늘 세심하게 주의하며, 아이가 도움이 필요하면 곧바로 달려가서 아이를 끌어안아 주었다. 이에 반해 애착이 불안정한 어머니는 이러한 반응이 거의 없었으며 아이가 울고 있어도 냉랭하게 있거나 변덕스럽게 태도를 바꾸곤 했다. 즉 에인스워드는 '아이가 찾으면 반응한다'라는 안정된 응답성이 애착을 안정적으로 자라게 하는 데 매우 중요하다는 점을 발견한 것이다.

다만 100% 완벽하게 응답할 필요는 없었다. 지나칠 정도로 완벽하게 반응하면 오히려 해가 되는 사례도 있었다. 가장 좋은 형태는 '적당한 응답'이었다.

또한 애착이 안정된 아이의 어머니는 자기 아이의 기분이나 바라는 바를 정확히 읽어냈다. 아이의 기분을 헤아려서 반응할 수 있었던 것이다. 공감성 역시 애착을 안정시키는 데 중요한 조건이었다.

에인스워스는 적당한 응답성과 공감성을 갖춘 존재를 '안전 기지'라고 불렀다. 어머니가 안전기지로 기능했을 때 아이의 애착도 안정되게 자라며, 정서적으로 안정될 뿐 아니라 외부세계에 호기심을 보이며 적극적으로 탐험하려고 들었다. 어머니와 떨어지기를 두려워하지 않고 주변을 걸어 다니며 다른 사람과 어울리고 지적 호기심을 채우려고 했다. 유사시에는 어머니가 지켜준다는 안정감이 탐험할 수 있게 만든 것이다.

앞서 소개했듯이 애착이 안정되면 사회성뿐 아니라 지적으로도 발달이 뛰어난 경향을 보이는데, 이는 아이가 어머니를 안전기지로 삼아 바깥세상 활동에 몰두할 수 있기 때문이다.

◐ 빈곤이나 환경적 악영향에서 안정된 애착이 아이를 지킨다

안정된 애착은 불리한 요인으로부터 아이를 지켜준다. 예를 들면 사고를 당했을 때도 애착이 안정되어 있으면 트라우마가 잘 남지 않는다. 학대를 받았던 경험에서 비롯되는 나쁜 영향으로부터도 아이를 지켜준다. 즉 아버지에게서 신체적 학대를 받았더라도 어머니와의 애착이 안정적이면 문제가 되는 행동을 하거나 정신적 문제가 생길 위험이 줄어든다.

가난도 아이에게는 불리한 환경 요인이 될 수 있다. 빈곤 가정에서 자란 아이는 충동적이고 위험한 행동을 잘한다고 알려져 있다. 그러나 양육자와의 애착이 안정돼 있으면 위험성은 크게 줄어든다.

수입만으로는 생활을 꾸려가지 못할 정도로 가난한 가정에서 자란 아이와 유복한 가정에서 자란 아이를 비교한 연구가 있었다. 매우 가난한 가정에서 자란 아이는 유복하게 자란 아이에 비해 열다섯 살에 위험한 행동에 나서게 될 가능성이 두 배나 되었는데, 특히 어릴 적에 무질서형(가장 불안정하고 일관되지 않는 애착 패턴) 애착을 보인 아이는 위험성이 무려 다섯 배나 되었다고 한다.*

빈곤보다 애착이 안정되었는지가 아이에게 영향을 계속 미친

* Delker et al., "Out of harm's way: Secure versus insecuredisorganized attachment predicts less adolescent risk taking related to childhood poverty." Dev Psychopathol. 2018 Feb;30(1):283-96.

다. 다시 말해서 가난한 가정에서 자랐어도 애착이 안정되었다면 여러 위험성을 줄일 수 있다.

◖◗ 수학 불안: '수학을 잘하고 못하고'에도 애착이 관여한다

'수학 불안(mathematics anxiety)'이라는 전문용어가 있다. 수학을 잘하는지 못하는지는 인지적 능력 외에 문제를 풀 때의 불안이 관련한다.** 이것이 '수학 불안'이다.

수학 문제를 풀 때는 단순 작업과 달리 정신적 요소가 중요하다. 풀어낼 수 있을지 없을지 모르는 문제를 풀 수 있다고 믿고 매달려서 정답에 도달하기 위해서는, 행여 못 풀지도 모른다는 '수학 불안'에 지지 않는 강한 정신력과 자신감이 필요하다. 수학 불안이 심하면 문제를 못 풀지 않을까라는 불안과 공포에 압도당해 중요한 문제에 집중하지 못해 실력에 못 미치는 성적을 받는다. 점점 자신감을 잃게 되고, 수학 교과서는 보기조차 싫어진다.

** Maloney & Beilock, "Math anxiety: who has it, why it develops, and how to guard against it." Trends Cogn Sci. 2012 Aug;16(8):404-6.

이러한 수학 불안은 단순히 숫자를 잘 다루는지 아닌지 뿐만 아니라 취직이나 직업상 성공 또한 좌우한다. 결과가 불확실한 암중모색 상황에서도 성공을 자신하며 끝까지 해내는 자신감과 연관되어 있다. 수학 불안이 심한 사람은 '못 풀면 어떡하지' 하고 나쁜 결과만 생각하다가 자기 발목을 잡게 된다.

최근 연구에서 수학 불안이 애착 안정성과 관계가 있다는 것이 밝혀졌다. 어릴 적에 애착이 불안정하면 수학 불안이 심해지는 경향이 있었던 것이다. 이러한 경향은 성별이나 나이, 지능지수IQ와 관계없이 인정되었다. 안정된 애착은 아이가 능력을 발휘하는 데 큰 도움을 주지만, 애착이 불안정하면 실력보다 못한 성적에 만족해야 한다.

물론 수학을 잘하는지는 숫자적 처리나 추론, 공간인지, 워킹메모리 등의 능력과도 연관 있다. 애착 안정성이 수학 성적에 관여하는 비율은 약 20%라고 한다. 문제는 그 20%가 시험 합격 여부와 남은 인생 역시 크게 바꾼다는 사실이다.

부모가 아이를 가르칠 때는 이러한 사실을 명심해야 한다. 문제가 틀렸다고 혼내거나 나무란다면 애착에 상처를 주게 되고, 부모가 아이를 가르칠 때 얻을 수 있는 학력의 장점을 상쇄해버린다. 꾸중으로 인해 아이와의 관계가 악화되고 아이의 자신감

을 잃게 만들 정도라면 차라리 가르치지 않는 게 아이를 위한
일일 것이다.

◑ 부모의 생각이 너무 확고하면: 의대 입학이 지상과제인 가정에서

부모들은 누구나 자기 아이의 일이라면 눈빛이 돌변하며 죽
어라 애쓴다. 학력을 중시하는 풍조가 한창일 때와 비교하면 핵
가족화와 종신고용제의 붕괴와 더불어 다소 누그러졌다고는 하
지만, 일부에서는 오히려 극심해지고 있다. 더욱이 의대 입시가
목표인 가정에서는 심각한 일이 자주 벌어진다. 개업의의 자제
라면 당연히 의사가 되어야 한다는 생각에 초등학교 입학 전부
터 의대 입학이 지상과제가 되어 학업에 지친 하루하루를 보내
는 사례 역시 드물지 않다.

B씨도 개업의 가정에서 태어났다. 부모님 모두 의사로 야간까
지 바쁘게 일했기 때문에 저녁 식사는 보통 가정부나 가정교사
선생님과 함께했다. 간혹 가족이 함께할 때도 대화라고 해봐야
공부나 장래 들어갈 학교에 관한 이야기뿐이었다. 초등학생 시

절부터 매일 몇 시간씩 강제로 공부해야 했고, 조금이라도 성적이 떨어지면 인간으로서 가치가 없는 것처럼 매도당했다.

이런 상황 속에서도 B씨는 부모의 기대에 부응하고자 노력했다. 시험 전날이 되면 복통과 설사 등의 증상이 있었지만, 의사인 부모는 그저 약만 건네줬을 뿐이었다. B씨의 머리카락이 한 움큼씩 빠지는 모습을 보고도 다시 자라면 못 본 체했다.

B씨는 고등학교에 진학할 때까지는 어떻게든 분발했지만, 한계에 다다라 있었다. 고등학교에서는 아무리 공부해도 성적은 오르지 않았고, 시험 때마다 부모님은 화를 내거나 한탄했다. 마침내 부모님은 서로를 탓하며 부부싸움을 시작했다. 그즈음부터 B씨는 손목을 자해하기 시작했다. 여기에 과식과 구토가 더해졌다.

그런데도 의대 입학이라는 목표는 바뀌지 않았다. 재수 끝에 사립대 의대에 기부금을 내고서야 입학할 수 있었다. 그러나 의사가 되기 위해 공부할 기력은 이미 바닥나 있었다. 학교에 가려고 하면 두통과 구역질이 엄습했고, 여러 의사에게 진찰받았지만 조금도 나아지지 않았다. 점점 학교 가는 날이 줄어들었고 학점을 제대로 따지 못하자 약물에 중독되었다.

한번은 혼수상태에 빠져 응급실로 실려 가기도 했다. 부모님은 담당 의사로부터 이 학생은 의대를 그만두지 않으면 죽을지도 모른다는 말도 들었지만, 그래도 의대를 포기하지 못하고 계속 보내려 들었다. 집에 귀가하고 얼마나 지났을까. B씨는 손목에서 피를 철철 흘리며 거리를 배회하던 중 발견되어 정신과에 입원했다. 그제야 부모님도 더는 무리임을 깨닫고 의대 중퇴를 허락했다.

◑● 교육이라는 이름의 학대: 죽음에 이르는 병에서의 탈출

만일 부모가 끝까지 의대를 고집했다면 B씨는 죽었을지도 모른다. 처음으로 부모를 거역하고 자기 의지를 보였던 B씨였지만, 부모님은 B씨의 마음을 정말로 이해한 게 아니었다. 마음 어딘가에서는 자기들을 실망시킨 배은망덕한 딸이라는 생각을 지우지 못했다.

자신에게 쏟아지는 부모님의 차가운 시선을 느낀 B씨는 온몸이 쭈뼛쭈뼛해졌고, 점차 부모님을 향해 적의를 드러내게 되었다. 자기 인생을 자신들의 바람대로 만들려고 좌지우지한 부모님에게 거역하는 것만이 B씨에게 남겨진 삶의 의미였다. 이는 어쩌면 '죽음에 이르는 병'을 탈피하는 데 필요한 과정이었는지 모른다. B씨는 진정한 자신의 모습을 찾아 나서기 전까지 얼마간은 부모님이 권하는 길을 거부하며 분노하는 모습을 보였다.

이처럼 당사자의 주체성을 무시하고 진로를 강요하며 학업을 강제하는 것도 학대다. 학대가 애착에 상처를 주어 애착장애가 생기게 되는데, B씨의 경우는 애착이 안정되게 형성되었는지도 의문이다. 의대에 진학해 후계자가 되는 것만을 전제로 이야기가 진행된 것도, 부모님이 B씨를 자기들 마음대로 만든 꼭두각시 인형처럼 대한 것도, 처음부터 온기 가득한 애정이 빠져 있었기 때문은 아니었을까.

애정 부족 속에 자란 B씨는 부모의 애정과 인정에 굶주려 있었기에 스스로 부모의 바람을 이뤄주려고 애썼다. 애착장애가 있는 사람에게 일어나기 쉬운 비극이다. 부모는 아이에게 충분한 애정을 쏟지도 않았을 뿐더러 부모 마음에 들고 싶어 하는 아이를 자기 마음대로 지배하려는 '이중 학대'를 저지른 것이다.

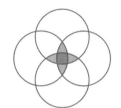

옥시토신은 염증을 억제하고, 세균이나 바이러스 처치를 도우며, 상처 회복과 조직 재생을 촉진하는 호르몬이다. 뿐만 아니라 스트레스로 생긴 장애 회복에도 도움을 준다. 그러나 학대나 방임과 같이 부적절한 방법으로 양육되어 애착이 불안정한 사람은 옥시토신이 제대로 작용하지 않는다. 4장에서는 옥시토신 수용체의 수가 적은 사람들에게 어떤 식으로 애착장애 증상이 나타나는지 설명하며, 자살 위험을 높이는 불안정한 애착에 대해 말한다.

4장

옥시토신계의
이상과
애착 관련 장애

●● 사물에 눈뜨기 전부터
승부는 결정난다

'인펀트(infant; 젖먹이)'라는 말은 '말하지 못하는'이라는 뜻의 라틴어 'infans'에서 왔다. 이렇듯 말하지 못하는 존재는 말하지 못한다는 이유로 손쉽게 다뤄져왔다.

사람은 어릴 적의 일은 거의 기억하지 못한다. 이렇게 무슨 일이 있었는지 기억하지도 못하는 존재를 위해 마음을 열고 정성을 들인다는 건, 합리적이며 효율을 중시하는 사람들에게는 쓸데없는 일일지도 모른다.

실제로 '대충하기'도 얼마든지 가능하다. 젖먹이는 말을 못하니 무슨 일을 당해도 이러쿵저러쿵하지 않고, 그러니 사람들에게 비난받을 일도 없다.

사물에 눈뜨기 전의 기억은 커튼 반대쪽에 묻혀 있을 테지만, 사랑받지 못했다는 사실의 흔적은 완전히 지워내지 못한다. '애정'이라는 태양이 아이를 얼마나 비췄는지는, 나이테와 같은 흔적이 되어 여러 곳에 새겨져 있기 때문이다.

한 가지 예를 들면 '당신이 부모에게 친밀감이나 안정감을 느끼는지'다. 부모를 떠올리기만 해도 마음이 편안해지고 절로 미소가 지어지는가? 반대로 가시 돋친 듯 초조하고 화가 나는가? 아니면 아무 감정도 들지 않는가?

당신이 배우자나 아이들에게 어떻게 행동했는지도 흔적이 되어 기억에 남는다. 정말로 사랑한다고 생각했는데 기대를 저버리는 일이 생기면 입에 담지도 못할 말을 퍼붓는다거나, 지긋지긋하다고 말해버리는 건 왜일까? 머리로는 소중한 존재임을 알지만, 아이에게 분노와 증오가 솟구치고 때리고 싶은 충동에 사로잡히는 건 또 왜일까?

그 이유는 잘 알려진 대로 부모와의 사이에서 겪은 경험을 자기 배우자나 아이에게 재현하기 때문이다. 당신은 기억하지 못할지라도 몸이 기억하는 학습된 행동 유형에 전원이 켜졌기 때문이다.

애착이 불안정한 사람은
옥시토신 수용체의 숫자가 적다

이렇게 '몸에 남는 흔적'은 옥시토신 수용체의 숫자를 보면 더욱 구체적이고 확실해진다. 학대나 방임과 같이 부적절하게 양육되어 애착이 불안정하게 형성된 사람은 옥시토신이 제대로 작용하지 않는다.

그런데 혈액이나 뇌척수액을 채취해 옥시토신의 농도를 조사하면 낮은 사람도 있고, 높은 사람도 있다. 어째서 결과가 일관되지 않은 걸까?

독일의 한 연구그룹이 이러한 옥시토신 농도에 숨겨져 있는 비밀을 푸는 데 도전했다. 이 연구그룹은 옥시토신이 아니라 옥시토신 수용체를 조사했다. 옥시토신은 옥시토신 수용체에 결합해 작용하므로, 수용체의 숫자가 줄어들면 제대로 작용하지 않는다.

옥시토신 수용체의 유전자(DNA, Deoxyribonucleic acid; 살아있는 모든 유기체 및 바이러스의 유전적 정보를 담고 있는 실 모양의 핵산 사슬-옮긴이)는 RNA(Ribonucleic acid; 핵산의 일종으로 유전자 정보를 매개하거나 유전자 발현의 조절 등에 관여함-옮긴이)에 전사

(轉寫)되었다가 RNA로부터 수용체를 만드는 단백질로 번역되는 2단계 변환을 거쳐서 발현된다. 따라서 옥시토신 수용체를 알아보려면 '수용체의 유전자, 전사된 RNA, 최종산물인 수용체 단백질'을 조사하는 세 가지 방법이 있다.

지금까지의 연구에서는 유전자 레벨에서의 이상이나 RNA 레벨에서의 발현을 조사할 뿐이었지만, 독일 연구그룹은 세계에서 처음으로 옥시토신 수용체를 단백질 레벨에서 측정했다. 그 결과 부적절하게 양육된 경험이 있는 사람일수록, 단백질 레벨에서 옥시토신 수용체가 줄어있다는 것을 알아냈다.*

수용체가 조금밖에 없으면 옥시토신이 아무리 분비되어도 작용은 약해진다. 그 결과 부적절하게 양육된 사람은 옥시토신계 작용이 나빠지는 것이다. 그러면 더욱 활성화시키기 위해 옥시토신이 과도하게 분비되기도 한다. 그 때문에 옥시토신만 조사해서는 결과가 일관되지 않았던 것이다.

또 하나. 옥시토신 수용체는 부적절한 양육 자체보다도 '애착이 안정되었는가?'와 더욱 관련이 깊었다. 즉 부적절하게 양육받은 경험이 있더라도 그 외 부분이 충분히 보충되면 옥시토신

* Krause et al.," Child Maltreatment Is Associated with a Reduction of the Oxytocin Receptor in Peripheral Blood Mononuclear Cells." Front Psychol. 2018 Feb 27; 9: 173.

수용체가 줄어들지 않으면서 안정형 애착 스타일을 얻는 사례도 있다.

안정된 애착 스타일을 획득한 경우에는 학대받았어도 성인이 되었을 때 우울증에 걸릴 위험이 증가하지 않았다. 부적절한 양육 이상으로 애착의 안정 여부에 더욱 결정적인 의미가 있는 셈이다. 이러한 일은 '죽음에 이르는 병'의 예방과 회복을 고려할 때 중요해진다.

●● 학대로 인한 옥시토신 수용체 유전자의 메틸화

양육이 부적절하면 옥시토신 수용체가 줄어드는 현상이 밝혀지고 있다. 옥시토신 수용체의 유전자가 메틸화[methylation; 단순히 유기화합물에 메틸기(-CH3)가 첨가되는 것으로, 메틸화는 여러 생합성과정에서 유기화합물에 탄소를 제공하며 DNA/RNA의 메틸화, 히스톤과 같은 단백질의 메틸화를 통해 유전자 조절과 같은 다양한 기능에 관여함-옮긴이]라는 현상을 일으키며 제대로 발현되지 않기 때문이다. 이는 유전자가 상처를 입고 변질되는 것과 같다.

‘부적절한 양육’이라는 불우한 환경은 유전자도 바꾸고, 옥시토신 수용체의 감소를 초래하며, 애착을 불안정하게 만들어버린다. 반면에 학대 등 부적절한 양육 속에 자랐어도 애착이 안정되었다면 옥시토신 수용체는 감소하지 않는다.

이러한 사실은 부적절한 양육에서 받은 나쁜 악영향을 극복하기 위한 체계와 방법이 존재한다는 것을 시사한다. 즉 애착 스타일은 꼭 양육환경만으로 결정되지 않으며, 가소성(可塑性; 어떤 유전자형이 발현할 때 특정한 환경 요인을 따라 특정한 방향으로 변화하는 성질-옮긴이)이나 회복 가능성도 영향을 미친다는 것이다.

애착 불안으로 인해 애착 행동이 촉발되는 과정도 보이기 시작했다. 애착이 불안정한 사람은 평상시에 옥시토신 농도가 줄어들지만, 분리불안(애착 대상에게서 떨어질 때 느끼는 불안)이 심해지는 상황에서는 옥시토신이 과도하게 분비되기 쉽다. 특히 불안형은 이별 등을 경험하면 옥시토신이 과다하게 분비된다.

불안형은 애인과 헤어진 직후에 다른 사람과 금방 친해지는 경험적 사실이 있다. 헤어짐 때문에 옥시토신이 과다하게 분비된 상태라면 다가오는 다른 이성이 친밀하게 느껴지는 건 당연한 것이다.

부모 자식 간 감정이 동기화되면 옥시토신 농도가 높아진다

오래전부터 애착이 불안정한 부모에게서 자란 아이는 애착이 불안정해질 가능성이 크다고 알려졌다. 애착 스타일이 세대 간에 전파되기 때문이다. 일례로 불안형이나 회피형 어머니에게서 자란 아이는 애착이 불안정해지기 쉽다. 열심히 돌보는데도 어째서 애착이 안정되지 않는 걸까?

이스라엘 연구자들은 이 수수께끼를 푸는 데 중요한 힌트를 찾아냈다. 이들은 부모와 아이들을 놀게 하고, 그 전후의 타액으로 옥시토신 농도에 어떤 변화가 있는지 조사했다. 또한 안정시에 혈액 중 옥시토신 농도도 측정했다.

결과는 어땠을까? 부모와 아이 모두 놀고 난 다음에 옥시토신 농도가 상승했는데, 특히 부모와 아이 사이에 감정이 동기화될수록 폭이 컸다.* 옥시토신 농도는 감정이 공유될수록 높아졌다.

부모가 재미를 느끼지 못하고 부정적인 말만 하며 함께 즐기지 못하면 부모도, 아이도 옥시토신 농도가 올라가지 않는다. 이것은

* Feldman et al., "The cross-generation transmission of oxytocin in humans." Horm Behav. 2010 Sep;58(4):669-76.

부모의 애착이 희박하거나 불안정해서 옥시토신 농도가 올라가지 않을 때는 아이의 옥시토신 농도도 그 상승 폭이 미미하다는 뜻이 된다.

회피형 어머니는 아이가 미소 짓고 있어도 옥시토신 분비가 미약하고, 아이와의 사이에서 얻는 기쁨도 적다.* 아무래도 아이와 어울리는 데 소극적일 수밖에 없지 않을까.

이러한 일이 일상생활에서 거듭되면 아이한테도 옥시토신이 제대로 작용하지 않게 된다. 부모 측 옥시토신이 원활하게 작용하지 않으면 아이에게도 영향이 미치는 것이다.

결국 부모와 마찬가지로 아이도 부정적인 말이나 불만에만 눈길이 가고, 안심하며 즐기지 못하고, 하루하루가 기쁘기보다 고통으로 꽉 찬 것처럼 느낀다. 부모로서 할 일을 하고 바르게 자라도록 가르쳤는데 아이가 불안정하고 부모에게 화를 내고 부모를 거부한다면, 부모와 자식 사이에 희로애락을 함께 나눴던 경험이 부족했을 가능성이 크다.

* Strathearn et al., "Adult attachment predicts maternal brain and oxytocin response to infant cues." Neuropsychopharmacology. 2009 Dec;34(13):2655-66.

면역시스템에도 관여, 생리학적 레벨에서 장기적 영향

면역세포에도 존재하는 옥시토신 수용체는 면역체계에도 영향을 끼친다. 어릴 적, 부적절한 양육환경에 있던 사람은 만성 염증반응이 있으며, 몸 상태가 좋지 않고, 쉽게 지치는 경향이 있다.*

옥시토신 수용체가 줄어들고 기능이 떨어지면 면역계 기능에도 영향을 미친다. 그래서 감염증뿐 아니라 자가면역질환에도 걸리기 쉽다.

대개 자가면역 이상으로 발생하는 궤양성 대장염이나 크론병(Crohn disease; 원인불명인 위장계통의 만성 육아종성 염증성 질환으로, 종종 장폐색 혹은 농양형성을 일으키며 재발이 빈번함-옮긴이), 원형탈모증 등은 스트레스를 받거나 애착이 불안정해도 발병 위험이 크다. 기관지천식과 같은 알레르기 질환도 불안정한 애착이나 어려서 받은 스트레스와 관계가 깊다.

---

* Boeck et al., "Inflammation in adult women with a history of child maltreatment: the involvement of mitochondrial alterations and oxidative stress." Mitochondrion. 2016 Sep; 30, 197-207.

부적절한 양육환경이나 스트레스가 옥시토신 수용체 유전자의 메틸화라는 형태로 서서히 축적되며 옥시토신 수용체의 감소에 영향을 미치고, 이것이 한계에 다다르면 심신에 병이 생기는 시나리오를 생각해볼 수 있다.

유아기에 애착이 불안정했던 아이는 커서 우울증이나 불안장애를 보일 위험이 커지는데, 신체적 문제를 동반할 가능성도 있다고 보고되고 있다. 그중 하나의 예로 비만이 있다.

어릴 적 불우한 환경 속에서 애착이 불안정하게 형성되었다면 비만해질 위험이 매우 크다.[*] 또한 어릴 적에 불안정형이나 무질서형 애착을 보인 사람은 아동기에 높은 염증반응을 보인다는 연구결과도 있다.[**] 이는 심리적인 문제뿐 아니라 생리학적 레벨에서 신체 부조화가 생기기 쉽다는 것을 여실히 말해준다.

[*] Bernard et al., "Secure attachment predicts lower body mass index in young children with histories of child protective services involvement." Pediatr Obes. 2019 Jan 18:e12510.

[**] Bernard et al., "Longitudinal associations between attachment quality in infancy, C-reactive protein in early childhood, and BMI in middle childhood: preliminary evidence from a CPS-referred sample." Attach Hum Dev. 2019 Feb;21(1):5-22.

신경계, 내분비계, 면역계를 조정하는 옥시토신계

사람은 대개 신경계와 내분비계 변화를 통해 스트레스에 대처한다.

지금까지 스트레스에 대처하는 과정을 보면 시상하부가 통제하는 자율신경계(특히 교감신경계)와 시상하부에서 하수체, 부신피질로 이어지는 호르몬의 릴레이에 따라 연결되는 시상하부-하수체-부신피질계[각각의 영어 머리글자를 따서 HPA 축(HPA axis; Hypothalamic-Pituitary-Adrenal Axis)이라고 부름-옮긴이]가 중심적인 역할을 하고 있다고 생각했다.

예를 들면 공포를 느끼고 시상하부에 위험을 알리는 신호가 도착하면 곧바로 교감신경이 긴장해 신경을 전투 상태로 전환한다. 이러한 반응은 그야말로 순식간에 일어난다. 주저 없이 적과 싸우든가, 혹은 적으로부터 도망가지 않으면 목숨이 위태로워지기 때문이다.

이에 비해 HPA계는 조금 천천히 활성화가 진행되는데, 최종적으로 부신(副腎; 좌우의 콩팥 위에 있는 내분비샘-옮긴이)에서 스테로이드 호르몬(부신피질 호르몬)을 분비해 상처에 대응하도록 조치한다. 만일 다쳤더라도, 부신피질 호르몬의 힘으로 염증이나 고통을 억제하고 상처를 빨리 아물게 한다.

다만 이러한 반응은 비상상태에서의 단기적인 대책이다. 그러나 그 이상 장기간 계속되면 부신피질 호르몬 자체가 다양한 폐해를 일으킨다. 고혈압과 위궤양, 당뇨병의 원인이 되기도 하고, 호르몬을 끊임없이 분비한 부신도 소모되어 무기력하고 기진맥진한 상태에 빠진다.

이처럼 스트레스 이론은 지금까지 자율신경계와 HPA 축을 중심으로 이해했다. 하지만 이러한 패러다임이 최근 들어 변하고 있다.

두 축 외에 또 하나의 중요한 시스템으로 부상한 것이 옥시토신 분비계(OSS)다.* 시상하부에는 옥시토신을 생산하는 신경세포가 있는데, 스트레스와 외부의 적으로부터 제 몸을 보호하는 중요한 역할을 한다.

그중에서도 특히 면역계에 미치는 작용을 주목하고 있다. 흉선(胸腺, thymus; 흉골의 후방, 심막 및 심장 대혈관의 앞쪽에 있는 림프 기관-옮긴이)과 골수처럼 면역을 담당하는 조직을 성장시키

---

* Li et al., "Approaches Mediating Oxytocin Regulation of the Immune System." Front Immunol. 2017 Jan 10;7:693.

는 동시에 면역감시기구와 면역제어시스템을 움직여서 면역 항상성을 유지하는 등, 생명을 지키는 데 불가결한 역할을 맡고 있다.

옥시토신에는 염증을 억제하고 세균이나 바이러스 처치를 도우며, 상처 회복과 조직 재생을 촉진하는 작용도 있다. 스트레스로 생긴 장애 회복에도 옥시토신이 상당히 긍정적으로 작용한다. 생명을 지키고 회복을 촉진하기 위해 면역계뿐 아니라 신경계와 내분비계를 돕도록 조정하는 역할도 옥시토신계가 담당하고 있다.

어머니 손에 자라지 않아서 애착장애가 생긴 아이들은 대부분 어려서 일찍 사망하는 경우가 많았다. 이는 옥시토신계가 제대로 작용하지 않으면 면역계의 발달과 기능에 결함이 생기기 때문이다.

의학의 진보는 면역계 작용이 미약하더라도 항생물질 등의 도움으로 오래 살게 해줬다. 하지만 그 대신 원인불명의 컨디션 난조로 고통받는 사람을 증가시켰는지도 모르겠다.

●● '고통'만
느껴지는 이유

애착장애에 흔히 동반되는 문제 중 하나는 통증이나 상처에 예민해지는 것이다. 예를 들어 옥시토신은 진통을 일으키는 호르몬인 동시에 문자 그대로 온몸이 찢기는 듯한 분만의 통증에서 산모를 보호한다. 때로는 이틀 내내 계속되는 통증과의 대결에서도 버티게 해준다.

그런데 최근에는 진통을 견디지 못하는 여성이 늘고 있다. 산모에게 무통분만이라는 선택지가 생겨서 각오가 약해진 걸까? 여하튼 애착장애가 만연하고 옥시토신계가 제대로 작용하지 않는 사람이 증가할수록 이러한 사례도 늘 수밖에 없을 것이다.

옥시토신이 제대로 작용하지 않는 상황에서 진통을 버티는 것은 마치 헤드기어도, 글러브도 없이 주먹으로 계속 맞는 것과 같다. 옥시토신이라는 쿠션이 부족하면 통증을 몇 배나 더 느끼기 때문이다.

최근 들어서야 사람들은 만성 통증과 불안정한 애착과의 관계를 주목하고 있다. 특히 불안형 애착인 사람은 아픔을 잘 느끼고, 만성 통증에도 시달릴 가능성이 크다.[*]

의학적으로 설명하기 힘든 신체 증상과 불안정한 애착, 특히 애착 불안과의 연결고리도 연구를 통해 밝혀졌다. 채찍질 손상(whiplash injury, 편타 손상; 갑작스러운 움직임이나, 머리가 척추와 상대적으로 뒤로 또는 앞으로 가속될 때 발병하는 손상. 교통사고 따위로 머리가 앞뒤로 크게 움직이면서 목에 영향을 주어 생기는 것으로 두통, 경추의 통증과 운동 제한 등이 나타남-옮긴이)과 같은 외상이라도 애착의 안정도에 따라 통증 등 증상에서 보이는 차이가 분명하다.**

애착이 불안정한 사람, 특히 불안형의 경우에는 통증 등 신체적인 증상뿐 아니라 정신적인 고통도 잘 느끼며, 상처도 잘 받는다. 그래서 양가형이라고도 하는데, 안정형이라면 단순히 흘려버릴 일을 미적거린다. 그러다보니 우울함이나 불안과 같은 증상도 심한 편이다.

* Davies et al., "Insecure attachment style is associated with chronic widespread pain." Pain. 2009 Jun;143(3):200-5.

** Andersen et al., "Attachment insecurity as a vulnerability factor in the development of chronic whiplash associated disorder - A prospective cohort study." J Psychosom Res. 2019 Mar;118:56-62.

회피형과 감정표현 불능증: 자각이 없어도 몸은 스트레스를 느낀다

회피형의 경우 통증에 매우 둔감한 사례도 있다. 통증뿐 아니라 위험에도 둔감한 경향을 보인다. 무관심 속에 방치되어 자라는 동안, 고통스러운 일이 일어나도 고통스럽다고 인지하거나 언어로 표현하지 않고 그냥 넘겨버리는 데 점점 익숙해졌기 때문이다.

회피형은 감정표현 불능증(alexithymia, 失感情症; 감정을 인식하거나 언어적으로 표현하는 데 어려움을 보이는 상태를 일컬음-옮긴이)을 동반하기 쉽다. 그런데 자기 기분뿐 아니라 감각조차도 현실감이 없어서 마치 남의 일처럼 느낀다.

누가 봐도 스트레스로 긴장해 설사를 하는 등 몸 상태에 문제가 생겨도 정작 본인은 불안하다고 느끼지 않으며, 심지어 긴장하고 있다는 것조차 모를 때가 있다. 감정표현 불능증이 있는 사람은 마음이 고통을 느끼지 않지만 육체가 비명을 지르면서 이변을 일으킨다.

회피형은 상처받을 만한 일이 있어도 아무렇지 않아 하며 어떤 일에도 꿈쩍하지 않는 것처럼 보인다. 그런데 심박수나 혈중

스트레스 호르몬의 변화를 실시간으로 조사해보면 실제로는 스트레스를 받아서 심박수가 상승하고, 스트레스 호르몬 분비가 왕성하다.

이런 경우 육체에서 일어나는 변화를 알아차리지 못해서 아무 느낌도 없다고 착각하기 쉽다. 하지만 실제로 몸은 스트레스를 느끼고 있는 것이다.

불안형은 큰 소동을 피우며 자기가 느끼는 불안과 스트레스를 주변에 드러내서 조금이라도 해소한다. 반면에 회피형은 스트레스를 인지하는 것을 차단해 느끼지 못한다고 하더라도 결국 속으로는 점점 쌓여갈 뿐이다.

이런 차이 때문에 회피형은 불안형보다 정신 신체병(psychophysiologic disorder; 정신적 요인으로 나타나는 육체적 증상으로, 물리적이고 기질적인 변화가 지속되는 장애에서 비롯됨-옮긴이)에 더 걸리기 쉽다.

⬤● '마음을 이해하는 힘'의 연약함: 고통을 잘 느끼는 또 하나의 이유

불안형 애착인 사람이 통증이나 원인불명의 신체 증상, 우울함이나 불안에 자주 시달리는 원인 중 하나는 옥시토신 계열의 작용이 취약하기 때문이다. 이와 연관된 원인이 바로 '정신화(Mentalization)의 약화'다.

정신화란 마음을 이해하는 능력으로, 원래는 상대의 기분이나 의도를 추측하는 능력을 가리킨다. 상대의 기분을 이해하는 능력은 자기 기분을 이해하고 표현하는 능력과 관계가 밀접하다. 또한 자기를 돌아보고 주변과의 관계를 객관적으로 바라보는 능력으로 이어진다.

한마디로 정신화란 마음을 이해하는 능력, 그리고 자기 관점에 사로잡히지 않고 상대의 관점과 객관적인 견지에서 사물을 바라보는 능력이라고 할 수 있다.

애착이 불안정한 사람은 정신화에 약하기 마련이다. 자폐증과 같은 상태에서는 유전자 문제로 정신화에 중증의 장애가 있지만, 애착장애는 후천적 양육환경 때문에 정신화 능력이 덜 발달한 것으로 본다. 옥시토신 수용체 발현이 원활하지 않고 옥시토신계가 잘 기능하지 않은 것도 정신화를 어렵게 하는 원인으로 본다.

자기 분노나 통증 등이 너무 심해서 정신을 자신에게 너무 집중한 탓에 상대의 기분이나 주변 상황을 살펴볼 겨를이 없는 환경에서 자라면 정신화 능력은 발달하기 힘들다. 자기에게 생긴 사태나 감정을 객관적인 시점에서 이해하거나 상대방의 처지에서 사고하는 정신화는 자기가 느끼는 고통을 완화해주지만, 이러한 능력이 취약하면 자기 통증에만 집중하게 된다. 상대의 기분이나 사정보다도 자기 고통에만 사로잡혀서 의도치 않은 일이 벌어지면 과잉반응을 보이게 된다. 그러면 결과적으로 상대뿐 아니라 자기의 고통과 스트레스까지 가중된다.

특히 불안형은 친밀해지면 상대에게 의지하면서 완벽한 부모와 같은 역할을 바라고, 자기 기대에 미치지 못할 때는 크게 화를 낸다. 결국 자신이 가장 의지하는 상대를 공격하는 상황에 빠지는 것이다.

상대가 제 역할을 해주지 않아서 초조해진다며 모든 원인을 상대에게 떠넘기고 자기 문제에는 상당히 둔감하다. 여기에는 정신화의 문제가 있다.

회피형은 상대의 마음뿐 아니라 자기 기분도 모른다

회피형은 원래 상대방의 기분에 관심이 적고, 불안형보다 타인에 대한 기대치도 낮은 데다가, 자기 생각과 형편에만 사로잡혀 있어서 기분을 공유하거나 상대의 의도를 읽는 일은 거의 없다.

회피형은 정신화가 불안형 이상으로 약하다. 약하다기보다 아예 없는 사례도 있다.

회피형은 상대와 무언가를 공유하기보다 자기 일이나 취미, 즐거움이나 이익만을 우선한다. 그러다보니 상대의 기분에 맞추는 것을 번거롭게 여긴다.

그 때문에 회피형과 있으면 혼자 있는 것과 별반 다르지 않으며, 기분을 공유하기를 바라는 상대방으로서는 자기를 거부하는 것 같아 서글프다. 함께 있으면 기대하게 되므로 차라리 아무도 없는 편이 나을 수도 있다.

그런데 회피형은 타인에게만 무관심한 게 아니다. 자기 기분이나 감정에 대해서도 무관심하며 흥미가 없다. 기분이나 감정 등이 존재하지 않는 것처럼 다른 일에 열중해 잊어버린다. 자기 기분과 감정에 관심이 없다 보니 당연히 말로 표현하거나 상대에게 전달하는 데는 더더군다나 관심이 없다. 그런 일은 처음부터 의미가 없다고 생각한다.

회피형은 어려서부터 줄곧 정서적인 자기표현을 꺼려왔기 때문에 전혀 발달하지 않은 것이다. 자기의 감정이나 감각을 표현하고 전달하며 공유하는 과정을 거치면서 사람은 자기 상태를 말로 표현하고 이해하게 된다. 즉 이러한 부분이 미개척지인 채로 방치된 셈이다.

그 결과 회피형은 자기가 어떤 상태인지 이해하거나 말로 표현하지 못하게 된다. 회피형은 이렇게 자기 기분을 말로 표현하는 경험 자체가 부족하다 보니 '감정표현 불능증'에 잘 걸릴 수밖에 없다.

애착 불안과 함께 '감정표현 불능증'은 원인불명의 신체 증상과 관계가 깊다. 회피형은 자기 상태를 느끼지도 못 하고 드러내지도 않지만 결국 두통, 복통, 흉통, 전신 통증, 피로, 어지러움 등 원인불명의 신체 증상이 되어 육체가 먼저 구조신호를 보내는 것이다.

해리: 너무 힘든 체험을 의식에서 분리하는 체계

너무나 고통스러운 경험을 하면 그에 압도당하지 않으려고 의식으로부터 자기를 떼어내어 스스로를 지키려고 하는 체계가 있다. 이 체계가 자신으로부터 기억을 분리해낸다. 학대나 방임을 당한 채로 자란 아이에게서 간혹 보이는, 어릴 적 기억이나 추억이 거의 없는 경우다. 여기에도 이 메커니즘이 연관돼 있다.

어린아이가 안전을 위협받는 상황이 반복되면 아이의 교감 신경계는 극도로 긴장하고, 한계를 넘으면 얼어붙거나 트랜스(trance; 정상적인 의식이 아닌 상태, 즉 최면 상태나 히스테리 상태에서 주로 나타남-옮긴이) 상태를 보인다. 이것이 해리(解離)로 이어진다. 그리고 해리가 습관이 되면 불쾌한 일을 겪을 때마다 의식에서 그때 경험을 자동으로 분리하고, 점점 만성적 해리성 장애(의식이나 기억, 인격이 연속된 통합상태를 잃는 장애)로 발전한다.

심리적으로 불안정하거나 애정이 결핍된 부모 밑에서 자라서 무질서형 애착을 보이는 아이는 커서 해리성 장애 증상이 나타날 가능성이 크다. 해리성 장애는 의식에서 없애고 싶을 정도로 고통스러운 경험이 반복되었다는 것을 가리킨다.

●● 사람을 행복하게 하는
세 가지 생물학적 체계

인간도 어차피 동물이다. 고도의 인지능력이 있어서 복잡한 언어와 도구를 자유자재로 사용한다고는 하지만 생물학적 기반에 따라 생명과 종족을 유지한다. 생물학적 체계를 해명하고 조금씩 다룰 수 있게 되었어도 생물학적 체계에 얽매여 있다는 점에서 동물과 다를 바 없다. 예를 들면 '행복'이라는 한 가지 면만 봐도 인간은 생물학적 체계에서 벗어나지 못했다는 것을 알 수 있다.

그렇다면 우리는 살아가는 동안 행복해지기 위해서 어떤 생물학적 체계를 갖추고 있는 걸까? 우리에게 기쁨이나 만족을 주기 위한 체계에는 과연 어떤 메커니즘이 존재하는 걸까? 사실 사람에게 기쁨이나 행복을 가져다주는 생물학적 체계는 다음의 세 가지밖에 없다.

첫째는 배불리 먹거나 성적으로 흥분해 절정에 이르렀을 때 엔도르핀 등 내인성 마약(뇌내마약)이 분비되면서 생기는 쾌감이다. 생리적 충족과 깊이 연관돼 있으며 우리가 살아가는 데 가장 기본적인 기쁨을 가져다준다.

두 번째는 보수계라고 불리는 체계로, 도파민이라는 신경전달물질을 통해 작용한다. 대뇌 선조체(Striatum; 뇌 기저핵의 한 영역으로 자발적인 움직임의 선택과 시작에 중요한 역할을 함-옮긴이)의 측좌핵(Nucleus accumbens; 동기 및 보상과 관련된 정보를 처리하는 뇌의 보상체계-옮긴이)이라고 부르는 부위에서 도파민이 분비되면 사람은 쾌감을 느낀다.

도파민은 일반적으로 어려운 목적을 달성해냈을 때 분비된다. 축구경기에서 골을 넣은 순간에 도파민이 분비되며 '해냈다!'라는 쾌감을 느낀다. 수학 문제를 풀거나 마라톤을 완주했을 때도 유사한 희열이 생기면서 다시 노력해 다음 목표를 달성하고자 하는 동기가 부여된다.

그런데 이러한 보수계는 간혹 악용된다. 힘들이는 노력 없이 도파민만 분비되도록 해 즉흥적인 만족을 주면 강렬한 쾌감이 쉽게 얻어진다.

그 대표적인 예가 바로 마약이다. 알코올과 같은 의존적 물질도, 도박처럼 끊지 못하는 행위도 즉흥적으로 도파민 분비를 일으켜 중독되게 만드는 것이다(마약은 내인성 마약 분비를 수반하기도 한다).

세 번째로 기쁨을 가져다주는 체계는, 이미 눈치 챘겠지만, 애착이다. 이는 옥시토신의 작용에 달려있다. 사랑하는 사람의 얼굴을 보거나 피부끼리 닿았을 때 흥분보다는 편안함이 가득하게 밀려온다.

●● 옥시토신계 부족을 의존이나 중독성 행위로 보충한다

기쁨을 가져다주는 체계는 사실 이 세 가지밖에 없다. 나머지는 모두 고통뿐이다. 세상에 존재하는 모든 시련과 고통 대신 우리에게 주어진 기쁨은 이것뿐이다.

열심히 노력하던 우등생이 학업성적이 떨어지거나 엘리트가 일하다가 벽에 부딪혔을 때 가족의 따뜻한 위로와 위안으로 다시 일어설 수 있는 건, 도파민의 보수 대신 옥시토신계가 가져다주는 위로와 기쁨으로 채워져서다. 그런데 애착 체계마저 제대로 기능하지 않으면 어떻게 될까?

상처 입은 기억을 치유하기 위해서는 식욕을 채우며 먹거나, 성적 욕구를 채우며 달래거나, 즉흥적으로 도파민이 분비되는 물질이나 행위에 빠져서 대가성 만족을 얻을 수밖에 없다. 실제로 불안정한 애착, 특히 회피형 애착은 술이나 마약 등에 의존하게 될 위험성이 크다.*

부모로부터 무조건적인 애정을 받지 못해서 애착이 불안정한 사람은 옥시토신계가 부족하다. 그래서 노력으로 목표를 달성하고 주변에서 인정받음으로써 자기를 지켜내려고 한다. 이러한 과정이 제대로 진행되는 경우는 옥시토신계 부족을 도파민계로 채우려고 한다.

그런데 노력해서 결과를 내려고 했던 전략이 좌절되면 결국 뭔가를 먹거나 성적 욕구를 해결하는 식의 생리적 쾌감, 또는 마약 같은 중독성 행동으로 도파민을 즉시 분비시키는 수단을 통해 기쁨을 충족시키려 한다.

사람이 이 세상의 고통을 버티며 살아가기 위해서는 어떤 형태로든 기쁨이 필요하다. 그 기쁨을 가져다주는 최종수단으로 과식이나 성행위, 약물이나 도박, 게임에 탐닉하는 것이다. 물론 노력해서 성취감을 맛본다는 본래의 기쁨은 아니지만 살아가는 데는 필요한 기쁨이다.

다만 즉흥적 충족은 내성이 생기고 같은 양의 기쁨을 얻기 위

* Fairbairn et al., "A Meta-Analysis of Longitudinal Associations between Substance Use and Interpersonal Attachment Security." Psychol Bull. 2018 May; 144(5): 532-55.

해서 더욱 강한 자극이 필요해진다. 이것이 때로는 건강을 해치고, 파괴의 위험으로 내몬다.

하지만 그래도 멈추지 못한다. 왜냐하면 아무리 계속해도 진짜 만족을 주지 않기 때문이다. 진짜 만족을 가져다주는 유일한 체계는 옥시토신을 통한 애착밖에 없을지도 모른다. 옥시토신이 부족해 그 외의 만족으로 보상받으려고 한들 허기감은 사라지지 않으며, 제한이 없는 자기 자극적 행위에 빠지게 될지도 모른다. 의존적인 행위뿐 아니라 목적을 향해 노력하는 행위도 간혹 애착 시스템이 제대로 작동하지 않으면 도를 넘어 중독에 빠지기도 한다.

●● 저명한 작가였던 에드거 앨런 포의 경우

『검은 고양이』 등 심리소설과 미스터리 문학의 원조라고도 불리는 에드거 앨런 포는 1809년에 태어났다. 그로부터 에드거는 겨우 40년간의 짧은 인생 속에 오늘날에도 빛을 잃지 않는 수많은 걸작을 탄생시켰다.

에드거는 배우 출신 아버지 데이비드 포와, 마찬가지로 배우 출신인 어머니 엘리자베스 사이에서 태어났다. 그러나 어머니 엘리자베스는 에드거가 겨우 두 살 때 사망했다. 아버지도 얼마 지나지 않아 타계했다. 고아가 된 에드거는 자식이 없던 앨런 부부에게 입양됐다.*

친자식 못지않게 귀여움을 받으며 자랐지만, 양육자의 부재와 교체는 에드거의 애착에 씻을 수 없는 상처를 남겼다. 애착장애가 있는 아이에게 흔히 보이는 애정 결핍과 과도한 어리광 사이의 불균형은 점차 에드거의 인생을 파탄으로 몰아넣었다.

그렇지만 애착장애로 인한 파괴적 영향이 심해진 것은 조금 더 훗날의 일이다. 에드거는 당시로서는 최고의 교육을 받을 수 있었다. 명문 학교에 다니며 고전 교양을 익히기도 했다. 당시 에드거는 한 여성을 만났고 미래를 약속했지만, 상대의 가족이 에드거와의 교제를 탐탁지 않게 여겼다. 에드거가 대학에 진학하고 여성에게 보낸 편지를 그녀의 부모는 딸에게 전달하지 않고 몰래 버리곤 했다. 그대로 두 사람 사이는 흐지부지될 수밖에 없었다.

* 야기 도시오(八木敏雄) 『에드거 알란 포』 미국 문학작가론 선서, 冬樹社, 1976년(※이하 포에 대한 기술은 이 책을 따름)

연애에 실패한 에드거는 주색잡기에 빠지기 시작했다. 급기야 도박에까지 손을 대더니 큰돈을 잃고 막대한 빚까지 졌다. 학업을 계속하려면 빚을 갚아야 했기에 양아버지에게 울며불며 매달렸지만, 양아버지도 정을 뗐다.

사실 그는 양아버지가 양어머니 외에 다른 여성 사이에 숨겨둔 아이가 있다는 것을 알고 있었다. 에드거는 화가 치밀어서 "그 여자에게 줄 돈은 있어도 양자인 자신에게 줄 돈은 없느냐"며 다짜고짜 따지고 들었다. 양아버지는 적반하장도 유분수라며 에드거에게 "즉시 나가라"고 호령했다.

훗날 양어머니의 죽음을 계기로 양아버지와 딱 한 번 화해했지만 오래가지 않았다. 에드거는 관료가 되기를 바라는 양아버지의 기대를 저버리게 됐고, 양아버지 역시 재혼해 에드거에게 관심을 두지 않게 되면서 결국 둘의 인연은 끊어졌다.

에드거는 적당히 공무원으로 일하면서 틈틈이 작품을 쓸 정도로 요령 있는 사람이 아니었다. 에드거에게 시와 소설은 공상의 힘을 통해 현실에서는 치유되지 않는 애착의 상처를 위로받으려는, 그만두려야 그만두지 못하는 업이었을 것이다. 술은 대학에 다닐 때 배웠다. 쓰고 취하는 일만이 기억조차 희미해져 가는 어머니의 포옹을 느낄 수 있는 수단이었을까?

결혼과 재능이 꽃폈던 순간, 하지만 행복의 끝에는

앨런 가에서 쫓겨난 에드거는 외숙모댁에 드나들게 되었고, 볼 때마다 아름다워지는 사촌 여동생 버지니아에게 마음을 빼앗겼다. 아직 10대 중반 소녀이던 버지니아는 어머니를 쏙 빼닮았다.

에드거는 버지니아에게 구혼했다. 처음에 숙모도 결혼을 반대했으나, 에드거의 열의에 돌아섰고 결국 결혼을 허락했다. 혼인증명서에는 신부의 나이를 다섯 살이나 올려서 적었다. 에드거에게 아내 버지니아는 꿈에 그리던 어머니를 되찾은 것과도 다름없었다.

변함없이 세상과 타협하지 못하고 직장을 전전하던 에드거였지만, 버지니아와 결혼 후 그의 재능은 단숨에 개화했다. 살기 위해서라도 글을 써야만 했다. 휘갈겨 쓴 펜 끝에서는 차례로 걸작이 탄생했다. 버지니아와 지내며 생계를 위해 분투했던 하루하루가 포 문학의 전성기이기도 했다.

하지만 이렇게 행복한 나날도 오래가지 않았다. 버지니아가 어머니 엘리자베스와 마찬가지로 폐병에 걸린 것이다. 버지니아는 점차 병약해지더니 20대 젊은 나이에 죽어버렸다. 가장 사랑하는 아내를 잃은 에드거는 술과 아편에 빠져버렸다.

그런 에드거가 뒤늦게 술을 끊으려고 시도한 적이 있었다. 미래를 약속한 채로 헤어지게 된 옛 애인과 운명처럼 마주친 것이다. 에드거는 그녀로부터 모든 이야기를 듣게 됐다. 마침 배우자와 사별하고 혼자 지내던 그녀와 에드거는 이십여 년의 시간을 지나 그때의 약속을 지키고자 했다.

그러나 결혼식 전날 술에 취해서 인사불성이 된 에드거는 그대로 죽어버렸다. 결국 잃어버린 시간을 되찾지 못했다.

●● '의존' 자체를 끊었다고 해도

의존증이 애착장애라는 관점이 없었을 때, 의존증이라는 병에 걸리면 고치면 된다고 생각했다. 이는 의학 모델이 의존증을 이해하는 방식이었다. 그런데 의존증을 끊어내는 데 목표를 두고 치료하면 때때로 본말이 전도되는 일이 벌어졌다.

알코올 의존증이 있던 한 남성은 몇 번이나 입원과 퇴원을 반복했다. 수없이 실패를 거듭하며 어머니에게까지 폐를 끼치고 있다 보니 의존증을 극복하고 싶다는 마음이 컸다. 마지막으로 병원에 입원하고서는 그때까지와 아주 딴판으로 금주에 매달렸다.

남성은 금주를 계속했고, 모든 일이 순조로워 보였다. 그러던 어느 날, 외래를 방문한 그는 여전히 금주하고 있다고 보고하면서도 돌아갈 즈음에는 담당 의사에게 마음 약한 소리를 털어놨다. "마시면 안 되겠지요?" 그러자 담당 의사는 "절대 안 됩니다. 같은 실패를 반복하실 생각입니까?"라며 강한 어조로 반문했다. 그는 고개를 끄덕이며 "그렇죠. 그러면 같은 일을 반복하게 되는 거지요"라고 힘없이 미소 지으며 진료실을 나섰다.

그로부터 일주일 정도가 지난 후, 그는 베란다에서 목을 매고야 말았다. 어머니가 장을 보러 간 사이에 일어난 일이었다. 술은 한 방울도 입에 대지 않았다.

한 여고생은 각성제에 손을 대게 되면서 시설에 보내졌다. 성적도 그럭저럭 좋았지만, 집안에서는 손위 형제와 비교당하며 문제아 취급을 받았다. 누구에게도 인정받지 못했던 소녀는 원조교제를 통해 위로를 받으려고 연상의 남자를 만났고, 그에게 각성제를 배운 것이다.

처음에는 소녀도 '될 대로 돼라' 식이었지만 보호시설의 지원에 힘입어 자기에게 무슨 일이 일어났는지 살펴보는 작업에 열심히 매달렸다. 무표정하던 얼굴에는 미소가 되돌아왔다. 하지만 가족과의 면회시간에서만은 소녀의 얼굴에서 밝은 표정이 사라졌다.

가족에게 소녀는 여전히 골칫덩어리였다. 그래도 면회를 거듭하면서 가족과의 사이에 팽팽하던 긴장감도 누그러졌다. 소녀는 각성제 의존이 얼마나 무서운 일인지 깨닫고 두 번 다시 각성제에 손을 대지 않겠다는 결의와 함께 사회로 복귀했다.

그로부터 반년 정도 지난 어느 날, 소녀의 치료를 맡은 의사로부터 편지가 배달됐다. 소녀가 스스로 목숨을 끊었다는 소식이었다. 소녀는 각성제에 두 번 다시 손을 대지 않겠다고 약속했다. 의존증 극복이라는 측면에서는 잘 진행되고 있었지만, 결국 소녀는 도망칠 곳을 잃은 것처럼 죽음을 선택했다.

이 두 가지 이야기는 의존하던 알코올이나 약물을 제거한다고 진짜 문제가 해결되지는 않는다는 것을 알려준 사례다. 안타깝지만 의존이라는 건, 그가 살아가는 데 필요한 것이라는 점이다. 의존은 나쁘다거나 그만두어야 한다고 단순하게 생각해서는 해결되지 않는 문제다.

기본적 안정감과 옥시토신 시스템: '확실한 토대'가 있는가?

기쁨을 가져다주는 세 가지 체계 중 애착 시스템이 특별히 중요한 이유는 무엇일까? 이것이 기본적인 안정감이라고 부르는 것과 깊이 연관되어 있기 때문이다.

많이 먹고 배가 부를 때 내인성 마약이 분비되며 얻는 생리적 만족이든, 노력해서 목표를 완수할 때 성취감을 가져다주는 보수계 만족이든, 이는 어떤 행위로 인해 처음으로 손에 넣은 것이다. 만족을 얻고 싶으면 끊임없이 계속 먹어야 하거나 노력을 쉬지 않고 목표를 달성해야만 한다.

하지만 애착 시스템이 가져다주는 기쁨과 안정감만은 유일하게 특정 행위나 그로 인해 달성된 결과가 필요하지 않다. 어제와 다를 바 없는 자기 모습으로 있을 뿐인데 조건 없이 얻어지는 만족인 것이다. 여기에는 어떤 행위도, 노력도 필요 없다. 그렇기에 기본적인 안정감이라고 부르는 것이다.

배가 고프고 도전에 실패했더라도 절망하지 않아도 된다. 허접한 식사라도 사랑하는 존재와 나눌 수 있으면 다시 도전하려는 의욕이 솟구친다.

애착의 체계, 즉 옥시토신계가 잘 작동하는지 아닌지에 따라 차이는 매우 크다. 옥시토신계가 기능부전에 빠지면 사람은 끊임없는 노력이나 강렬한 자극으로 기분을 고조시키거나, 과식이나 섹스에 빠지는 일 말고는 마음의 빈틈을 메울 방법이 없다. 든든하게 기댈 곳이 있어 느긋하게 누워있는 것과, 발 디딜 곳이 없어 쉬지 않고 날갯짓을 하지 않으면 추락해 죽어버리는 정도의 차이다. 정말로 큰 차이다.

든든하게 기댈 곳 하나 없이 살아가는 인생은 가혹하기 그지없다. 노력하든가 아니면 나락으로 떨어지든가, 양자택일의 상황에 놓인 것이나 다름없다.

⬤ 불안정한 애착은 자살 위험을 높인다

불안정한 애착은 궁극적 파탄인 '죽음'으로 사람을 이끈다. 심신을 병약하게 만들어서 죽음을 초래할 뿐 아니라 마음속 슬픔이나 존재의 허무함이 죽음을 바라게 한다. 그런 의미에서 애착 장애는 '죽음에 이르는 병'이다. 불안정한 애착은 죽기를 바라는 자살염려와 깊은 연관이 있는데, 애착이 안정된 사람보다 위험성이 2.3배나 높다.*

뉴질랜드의 크라이스트처치(Christchurch; 뉴질랜드 남섬 북동 연안에 있는 도시-옮긴이)에서 실시된 코호트 연구를 보면, 열다섯 살 시점의 애착 스타일이 스물한 살 시점에서의 자살 염원이나 자살 기도를 예측하게 해주었다.** 또한 자살을 시도한 적 있는 젊은이는 부모와도 친구와도 애착이 불안정했으며, 마음속으로는 부모가 없다고 느끼고 있었다.***

더욱이 가족이 불안정하면 아이는 죽음을 생각하기 쉽고, 기대고 싶을 때 부모에게 기대지 못하는 젊은이의 자살 위험은 더 높아진다. 애착이 불안정하면 죽고 싶다는 생각을 품기 쉬워진다. 이는 불안정한 애착이 살아가려는 힘이나 삶을 즐기는 힘 자체를 약화시키기 때문이기도 하다.

* Rückert-Eheberg et al., "Association of adult attachment and suicidal ideation in primary care patients with multiple chronic conditions." J Affect Disord. 2019 Mar 1;246:121-5.

** Fergusson et al. "Risk factors and life processes associated with the onset of suicidal behaviour during adolescence and early adulthood." Psychol Med. 2000 Jan;30 (1):23-39.

*** Armsden & Greenberg, "The inventory of parent and peer attachment: Individual differences and their relationship to psychological well-being in adolescence." J Youth Adolesc. 1987 Oct;16(5):427-54.

분리불안과 자살 기도와의 관계도 지적한다. 어릴 적에 분리불안을 겪은 사람은 기댈 곳 없이 버려진 것 같은 상황에 부딪쳤을 때 자기를 불필요한 존재로 치부하고 자살 기도로 빠지기 쉽다.

분리불안은 어머니로부터 물리적으로 떨어졌을 때 느끼는 불안이다. 어머니와의 분리불안뿐 아니라 어머니를 대신하는 존재, 예를 들면 애인이나 배우자, 친구, 자식 등 심리적으로 의지하던 사람에게서 멀어지는 데서 강한 불안을 느낀다.

애착 불안은 '자기가 사랑받고 있는지, 인정받고 있는지'와 연관된 불안이다. 안색을 살피며 자기를 싫어하는 건 아닌지 확인하려 들고 기분을 맞추려고 한다. 이 두 가지는 다르지만, 또 강하게 연결돼 있다.

애착 불안이 심한 사람에게 걱정거리가 있거나 스트레스가 생기면 분리불안도 심해진다. 분리불안이 심하다는 건 기본적 안심감이 발달해 있지 않다는 뜻으로, 애착 불안도 마찬가지다. 전자는 누군가와 꼭 함께 있어야 안심한다. 후자는 있는 그대로의 자기 모습만으로 안심하지 못한다. 둘 다 마음 깊은 곳에는 자기 발로 서는 데 대한 불안을 내포하고 있다.

불안정한 애착 스타일 전반이
죽음을 찾게 한다

애착 트라우마가 있어서 상처를 건드리면 불같이 화를 내는 '미해결형' 애착 스타일은 자살을 시도하는 사람에게서 자주 보인다는 보고도 있다.* 그리고 미해결형이자 양가형 중에는 어릴 적에 학대나 부모의 이혼과 같은 경험을 한 사람이 많다.

어려서 사랑하는 존재를 빼앗기거나 사랑하는 존재에게 사랑받지 못했던 경험은 그의 마음에 비관적인 사고방식, 낮은 자존감, 기댈 곳이 없다는 생각과 안심감 결핍 등을 심어놓는다. 그렇게 청년기에 접어들면 안정된 자아나 자기 긍정감을 얻기 힘들어진다. 이렇게 부정적 각인은 상처받을까 두려워하게 만들고, 여기에 신뢰하던 존재로부터 버려진 경험과 좌절감이 더해지면 가까스로 붙잡고 있던 자기라는 존재가 토대부터 무너져 내리는 상황을 초래한다.

특히 '양가형(불안형)' 애착 스타일은 자살과 밀접한 관계가 있다. 이 애착 스타일은 부모에게 집착하는 만큼 분노와 실망을

---

* Adam et al., "Attachment organization and history of suicidal behavior in clinical adolescents." J Consult Clin Psychol. 1996 Apr;64(2):264-72.

겪는다. 부모를 심하게 찾으면서도 기대에서 벗어난 일이 생기면 깊이 상처받는다. 이러한 애착 스타일은 부모 외의 인물에게도 마찬가지여서 친해질수록 심해진다. 최선을 다해 애쓰고 배려하는 만큼 사소한 일이라도 기대한 바와 다르면 배신당했다거나 거절당했다며 우울해한다.

경계성 인격장애에서는 양가형과 미해결형이 겹쳐지는 일이 많다. 두 스타일 모두 자살 기도 위험이 큰데, 함께 나타난다면 그를 지지하는 토대가 얼마나 위태할지 이해할 수 있을 것이다.

이에 반해 회피형(애착 경시형) 애착 스타일은 자살 기도나 자해 위험과는 관련이 없다고들 했다. 그런데 우울증 환자를 대상으로 1년간 추적 조사한 연구결과를 보면, 회피형 경향이 심하면 자살 기도 위험도 커졌다.[*] 또한 5천 명이 넘는 대규모 데이터를 해석한 연구[**]에서도 보면, 성인의 불안정한 애착 스타일이 자살염려 및 자살 기도와 함께 우울과 불안, 섭식장애, 충동성, 약물 남용의 위험을 증대시킨다는 결과를 보고했는데, 불안

[*] Grunebaum et al., "Attachment and social adjustment: relationships to suicide attempt and major depressive episode in a prospective study." J Affect Disord. 2010 Jun;123(1-3):123-30.

[**] Palitsky et al., "The association between adult attachment style, mental disorders, and suicidality: findings from a population-based study." Nerv Ment Dis. 2013 Jul;201(7):579-86.

형보다 회피형의 영향이 뚜렷했다. 불안정한 애착이 전반적으로 자살 기도 위험을 키운다고 하겠다.

다만 회피형과 불안형의 특성적 차이도 이해해둘 필요가 있다. 불안형은 부모와의 사이가 원만한지가 매우 중요한 데 반해, 회피형은 일이 잘되는지가 위험성을 크게 좌우했다.* 회피형의 경우, 약한 소리를 하며 상담을 청하거나 고통을 호소하며 난리를 피우거나 하지 않는다. 아무 일도 없는 것처럼, 한계에 이를 때까지 멈추지 않는다. 건강에 이상이 생긴다거나, 알코올이나 인터넷게임·도박에 빠지든가, 느닷없이 회사를 그만두거나 한다. 그나마 이 정도는 안전장치가 작동 중이라는 뜻이다. 이러한 행동을 통해 최악의 사태를 피할 수 있기 때문이다.

더는 안전장치가 작동하지 않아서 자기가 자기를 쉽게 하지 못하는 채로 내달리다가 느닷없이 자살해버리는 결말에 이르기도 한다. 죽을 것 같은데도 도움을 청하지 못한다. 주변의 충고도 들으려 하지 않는다.

실제로 회피형은 의사의 지시를 지키지 않으며 사망률이 높

* Smith et al., "The relationships of attachment style and social maladjustment to death ideation in depressed women with a history of childhood sexual abuse." J Clin Psychol. 2012 Jan;68(1):78-87.

다는 결과가 있다.** 이는 어릴 적부터 아무도 도와주지 않았으며, 자기 외에는 기댈 곳이 없다고 학습해온 결과다.

●● 한 사람이
죽음을 택할 때

정신과 의사인 빅터 프랑클(Viktor Emil Frankl; 오스트리아 신경의학자이자 정신의학자로, 홀로코스트의 생존자였으며 의미치료의 창시자-옮긴이)은 아우슈비츠 강제수용소에 제 발로 들어갔고, 그곳에서 극한 체험을 직접 겪으며 곁에서 무수히 많은 사람이 죽어가는 장면을 목격했다. 그는 사람이 살아가기 위해서는 하루하루의 고통을 감내해내는 '의미'가 필요하다는 결론을 얻었다.

사랑하는 사람과의 인연, 미래를 향한 희망이야말로 삶의 의미 자체였다.*** 프랑클의 경우 아내를 비롯한 가족과의 인연이 의미였으며, 언젠가 사회로 복귀하면 이곳에서의 혹독한 경험을

** Jimenez, X. F., "Attachment in medical care: A review of the interpersonal model in chronic disease management." Chronic Illn. 2017 Mar;13(1):14-27.

*** 빅터 프랑클 『밤과 안개: 독일 강제 수용소의 체험기록』 2008년 범우에서 동명 제목으로 번역 출판됨. 시모야마 도쿠지 역, 미스즈書房, 1971년

통해 얻은 교훈을 사람들에게 전하고 임상에 활용하겠다는 희망이 '의미'였다.

사람은 이 세상에 남은 건 이제 고통뿐이라고 느낄 때, 죽음을 선택한다. 살아가기 위해서는 어떤 형태로든 기쁨이나 희망이 필요했다. 하루라도 더 살아보려고 수용자는 빵 한 쪽과 담배 몇 가치를 따로 챙기려고 든다. '마지막으로 누릴 게 있다'는 희망이 그를 살아가게 한다. 그 때문에 만일 그가 남은 담배를 모두 피우고 나면 살아가기를 포기하려고 한다.

희망이란 기쁨을 향한 기대다. 지금 당장 기쁘지 않더라도, '언젠가 기쁜 일이 생기지 않을까' 하는 기대만으로도 사람은 계속 살아간다. 그러나 현실에서 기쁨뿐 아니라 희망조차도 잃어버리고 나면 사람은 더 살아가지 못한다.

사람에게 조건 없이 기쁨을 주는 체계가 애착을 지탱해주는 옥시토신계다. 애착하는 존재를 변함없는 마음으로 신뢰한다는 그 하나만으로도 사람은 살아갈 수 있다.

그러나 애착하는 존재가 없거나, 애착하는 존재가 있더라도 사이가 불안정하고 언제든지 증오나 분노·실망으로 바뀔 수 있을 정도로 위태로울 때, 그리고 그것을 보상해주는 기쁨마저 잃어버렸을 때, 사람은 죽음으로 돌아선다. 애착 존재의 유무는 마치 '단단하고 평평한 땅에 섰는가, 골짜기 쪽으로 기울어진 땅에 섰는가' 하는 만큼의 차이다.

늘 분발하며 떨어지지 않으려고 애쓰는 동안은 어떻게든 살아진다. 그러나 힘을 낼 기력마저 사라져버리면, 더는 굴러 떨어지는 그를 지켜줄 버팀목이 존재하지 않는다. 바로 이것이 애착장애가 죽음에 이르는 병이라는 뜻이다.

예전부터 존재했던 애착장애가 오늘날처럼 문제를 일으켰던 적도 없었다. 애착이라는 체계를 경시해온 탓에 점점 애착이 불안정해지고 애착 관련 장애가 만연해졌기 때문이다. 과거 사회에서 애착장애란 매우 예외적인 사례였지만, 지금은 보통 가정에서도 흔히 보이게 되었다. 5장에서는 날이 갈수록 아이를 사랑하지 못하는 부모가 증가하게 된 배경에 대해 설명하며, 『죽음에 이르는 병』을 집필한 작가이자 철학자인 키르케고르의 일생을 분석한다.

5장

깊어지는
애착장애와
그 배경

◑● 애착장애는 예전부터 있었다: 나쓰메 소세키의 사투

   대문호 나쓰메 소세키(夏目漱石)도 역시 애착장애와 애착장애가 원인이 되어 발생하는 심신 장애로 시달렸다. 늦둥이였던 소세키는 어머니가 그를 낳고 '면목이 없다'라고 느껴 애물단지 취급하며 고물상에 수양아들로 보냈을 정도다.* 그러나 누나가 동생을 잠시 보러 갔을 때 가게 앞 바구니에 누운 채 방임된 모습을 보고 불쌍하다고 말하자, 일단 본가로 다시 데리고 왔다.

   두 살이 채 되기 전에 소세키는 다시 아이가 없는 부부에게 양자로 보내져 입양됐다. 그러나 수양부모는 사이가 좋지 않아

---

* 에토슌(江藤 淳)『소세키와 그 시대 제1부~제5부』新潮選書, 1970~1999년(이하 소세키에 대한 기술은 이 책을 따름)

부부싸움이 끊이지 않았으며, 두 사람 모두 성격이 별나서 자기들이 키우고 있다는 걸 생색내기에 바빴다.

어린 소세키는 버릇없고 고집이 셌으며 까탈스러웠는데, 조금 더 자라자 짓궂고 반항적이기까지 했다. '부모를 닮아 앞뒤 가리지 않는 성격에 어려서부터 손해만 봤다'라는 건 『도련님』에 그려진 주인공의 모습으로, 부모로부터 그다지 귀여움 받지 못한 채 하녀 기요(淸)만이 도련님 편을 들었다는 설정에는 소세키 자신이 경험한 외로운 처지가 반영돼 있다.

물론 소세키도 줄곧 별났던 건 아니다. 까탈스러운 구석은 있었다. 특히 제국대학을 우수한 성적으로 졸업했는데도 도쿄에서 잘 지내지 못하고 마쓰야마(松山)나 구마모토(熊本)로 내려간 데는 융통성 없는 성격이 영향을 미쳤다.

소세키는 자신의 감정을 잘 억압해 속으로 삭이는 경향이 심해졌다. 구마모토 시절에 찍은 소세키의 사진 등을 보면 병적일 정도로 섬세한 인상을 풍기는데, 마쓰야마 시절에서 보였던 기풍 있고 성숙한 모습은 사라지고 침체기가 시작되었음을 느끼게 한다.

구마모토 시절의 끝을 알린 건, 런던으로 유학을 떠나라는 정부의 명령이었다. 런던 유학 시절 소세키는 환청과 망상에 시달렸다. 2년 뒤 귀국해서도 얼마간 지속되었던 환각과 망상에서 소세키를 구해준 건 창작활동이었다. 환청이며 망상을 낳는 에너지가 수많은 문학작품으로 모습을 탈바꿈한 게 아닌가 싶을 정도다.

그렇다고 애착장애라는 '죽음에 이르는 병'에서 완전히 해방된 것은 아니었다. 아내며 자식에게 폭언을 쏟아내는 건 일상다반사였다. 작은 소리에도 신경을 곤두세웠으며, 자잘한 일로 사람들을 내보냈다. 더는 버틸 수 없었던 아내가 아이들과 함께 친정으로 피한 적도 있었다.

그뿐만이 아니었다. 소세키의 초조함은 자기 육신까지 좀먹고 있었다. 애착장애에 스트레스까지 덮쳐 육체는 소세키의 정신에도 상처를 입히고 있었다. 쉴 새 없이 마감에 쫓기는 작가 생활은 그의 허약한 심신을 극한까지 밀어붙였을 게 틀림없다. 점차 악화된 위궤양은 결국 소세키의 목숨마저 앗아갔다.

소세키의 생애는 애착장애라는 '죽음에 이르는 병'과의 사투로 점철되었다고 해도 과언이 아니다. 그런 중에도 소세키는 훌륭한 문학작품을 남겼다. 이것이 그가 정상적으로 살아가는 데 필요한 행위이자 안전기지였던 것이다.

◖● 예전에는 애착장애가 있던
　　아이 대부분이 사망했다

　소세키의 예를 들 것도 없이, 시대를 거슬러 보면 수양자식으로 보내지거나 부모를 잃은 아이는 분명 많았을 것이다. 부모 손에 자라지 못하고 부모의 사랑을 모르는 아이도 거리에 넘쳐 났을 것이다.

　어쩌면 인류의 기원보다 애착장애의 역사가 길지도 모른다. 왜냐하면 인류가 아직 원숭이나 더 열등한 포유류 시절부터 애착장애는 존재했을 것이기 때문이다.

　예전부터 존재했던 애착장애가 오늘날처럼 문제를 일으켰던 적도 없었다. 고아나 유기 아동·양자·수양자식 등에게 한정된 특수한 문제로, 일반 시민이 관심을 가질 만한 대상이 아니었다. 오늘날처럼 일반가정의 아이들도 적잖이 고민하는 문제가 된 적은 거의 없었다. 그런데 왜 이렇게까지 일상적인 문제가 되었으며, 애착 관련 장애가 급증해 눈에 띄는 지경에 이르렀을까?

　예전에는 어려서 애착장애가 심하면 성인이 될 때까지 살지 못했다는 사실 때문이다. 원래부터 아동 사망률은 매우 높았지만, 애착장애가 심한 아이는 대부분 유아기를 넘기지 못했다.

19세기 유아 사망률을 보면 영국 25%, 프랑스 30%, 이탈리아와 스페인은 40%를 넘겼다. 1900년대 미국 도시에서는 만 한 살이 되기 전에 사망하는 아이의 비율이 30%나 되었다. 일반가정에서 자란 아이도 그만큼 사망했다. 유기된 아이나 시설에 맡겨진 고아들의 사망률은 80%나 되었다.*

이 와중에 살아남은 아이들을 보면 누군가가 부모를 대신해 보호해줬다든지 여유로운 가정에 입양되는 등 운이 따른 사례였다. 두 살에 부모님을 떠나보낸 에드거 앨런 포 역시 유복한 상인 가정에 입양되는 행운이 있었기에 살아남을 수 있었다.

◖● 애착장애가 세상에 알려지게 된 계기

이렇게 높았던 영유아 사망률은 1940년대 페니실린이 발견되면서 폐렴과 같은 감염증으로 사망하는 아이들이 줄어들어 많이 감소했다. 덕분에 1940년대 중반까지 미국에서의 유아 사망

* Fuchs, R., "Abandoned children: foundlings and child welfare in nineteenth-century France." Albany: SUNY Press; 1984.

률은 50%나 떨어졌다. 패전국이었던 일본에서도 전후에 페니실린이 급속히 보급되어 사망률이 큰 폭으로 하락했다.

미국에서도, 일본에서도 일었던 베이비붐 속에 태어난 아기들은 페니실린의 은혜를 받은 첫 세대이기도 했다. 이러한 페니실린과 같은 항생물질의 등장으로 1950년대 이후 애착장애가 있던 아이들도 생명이 연장되는 사례가 예전에 비해 증가했다.

그러나 1960년대까지 극적으로 개선된 유아 사망률에 비교하면 그 후 감소폭은 완만했다. 반대로 애착장애의 지표이기도 한 경계성 인격장애며 아동 기분장애, 섭식장애, ADHD 등은 1960년대부터 눈에 띄기 시작해 1980년대, 1990년대까지 속도를 더하며 맹위를 떨쳤다. 그렇다면 애착장애를 폭발적으로 촉진시킨 요인은 무엇일까?

이렇게 애착장애의 지표가 되는 장애들은 모두 불안정한 애착과 깊이 연관되어 있다. 그뿐만 아니라 애착이 불안정하면 나중에 이러한 장애들이 나타날 위험성이 커지는데, 어쩌면 부모와 자식 간 애착을 위협하고 불안정하게 만드는 어떤 사태가 공통 인자로 관여하는 게 아닐까 하는 강한 의구심마저 든다.

애착을 위협하는 대표적인 요인은 '학대, 방임, 양육자의 교체'이다. 이런 일을 일으키는 상황이 과연 존재하는 것일까? 일본은 패전 후 혼란했던 탓에 신뢰할 만한 데이터가 많이 없다. 따라서 통계가 잘 정리된 미국의 관련 역사를 통해 무슨 일이 있었는지 살펴보자.

●● 학대와의 관계: 사회문제로 대두된 1960년대

우선은 '학대'다. 미국에서는 1962년부터 학대를 의학 데이터로써 본격적으로 다루기 시작했고 이른바 '매 맞는 아이 증후군(batteredchild syndrome, 피학대아 증후군; 아동의 뼈 및 연부조직에 나타난 다수의 외상성 병변을 나타내는데, 대개 성인의 고의적인 가해가 원인임-옮긴이)'이라는 용어가 처음 사용되었다.* 그때부터 의사의 눈에 유아가 부모에게 육체적 학대를 받는 사례가 보이기 시작한 것이다. 실제로 이 용어는 10년이 채 되기도 전에 일반적으로 사용되었고, 학대는 사회문제가 되었으며, 1960년대부터 1970년대에 걸쳐 미국 각주에서 학대방지에 관한 법 제도가 시

* Kempe et al., "The battered-child syndrome." JAMA. 1962 Jul 7;181:17-24.

급하게 정비되었다.

물론 학대는 훨씬 이전부터 존재했던 현상임이 틀림없다. 경제적·사회적 사정으로 아이를 키우지 못하게 되자 아이를 유기하는 일도 간혹 있었다. 또한 생활에 여유가 없어서 아이를 학교에 보내지 않고 일을 시킨다거나, 동생을 돌보게 하는 일도 당연시했다. 그렇더라도 과거와는 질적으로 다른 무언가가 일어나고 있었으므로 의사들도 주의를 기울여야 했다. 질적으로 다른 그 무엇이란, 유아에게 폭력을 행사하는 등 당시 상식으로도 이해하기 힘든 이상 행동이 경제적으로는 훨씬 풍요로워진 시대에 벌어지고 있었다는 점이다.

전승국이었던 미국은 전쟁으로 인한 영향도 거의 없이 근대적인 공업화를 이뤄내며 1960년대 번영의 정점에 있었다. 공장에서 일하는 평범한 공장노동자가 3천 달러나 되는 월급을 받는 일도 흔했다. 당시 1달러가 360엔이었으므로, 일본화로 환산하면 거의 100만 엔에 달한다. 불과 반세기 전에 100만 엔이나 되는 급여를 블루칼라 노동자가 손에 쥐는 시대였던 것이다.

이렇게까지 풍요로운 시대를 구가하는 동안, 눈에 넣어도 아프지 않을 아기를 바닥이나 벽에 내던지는 행위를 서슴지 않았던 어머니가 있다는 괴리감에 전문가들도 당황하지 않을 수 없었다. 도대체 무슨 일이 벌어지고 있던 것인가? 이를 이해하기 위해서는 애착을 위협하는 다른 원인도 고려해봐야 한다.

●● 일하는 여성의 증가와 결과적 방임

우선 1950년대 이후 미국에서 여성의 사회진출이 활발해졌다는 점을 고려해볼 수 있다. 1960년대, 1970년대는 여섯 살 이하의 어린아이를 보육소 등에 맡기고 일을 하러 가는 라이프스타일이 급속히 확산된 시기이기도 하다.

이와이 하치로(岩井八郎; 일본의 사회학자로 교토대학 대학원 교육학 연구과 교육사회학 강좌교수-옮긴이)의 논문*에 따르면, 제2차 세계대전이 끝난 1940년대 후반 미국에서는 여섯 살부터 열일곱 살 아이가 있는 여성의 약 25%, 여섯 살 이하의 아이가 있는 여성의 약 10%가 직장이 있었다. 그러다 1980년대가 되면서 각각 60%, 45%까지 증가했다. 특히 아이가 취학하기 전부터 일

* 이와이 하치로(岩井八郎)『젠더와 라이프 코스: 1950년대 미국 가족의 특수성을 중심으로 '교육, 사회, 문화: 연구기요'』(Social-Cultural Studies of Education [1997], 4:1-16)

하는 여성이 크게 늘었다는 점은 주목할 만하다.

1980년대 초반에 미국 텍사스 주에 있는 246개 군의 공공 기록을 분석한 연구를 보면, 어머니의 사회진출로 인한 부재는 사회경제학적 상황과는 별개로 방임 위험을 높이고 있었다. 여성의 사회진출 이면에는 아이에게 들이는 시간과 수고를 어느 정도 희생하는 것이 있었고, 결국 방임으로 이어지는 사례도 증가했다.

어머니와 자식이 떨어지는 시간이 너무 이르거나 길어지면 애착이 불안정해지기 쉽다. 1980년대 미국에서 실시된 연구에 따르면 생후 1년 이내에 어머니가 아닌 다른 사람이 돌본 경우, 어머니와의 애착이 불안정해질 위험이 커질 뿐 아니라 아들이라면 아버지와의 애착도 불안정해지기 쉬웠다.* 결국 부모와 함께 있는 시간의 감소는 가족을 삐걱거리게 했다.

물론 어머니에게 직장이 있더라도 아이와의 애착이 안정되는 사례도 있었다. 그러나 어떤 형태로든 불리한 요인이 겹쳐지면 아이는 아무도 돌봐주지 않아서 생기는 외로움을 잘 극복하지 못하고, 부모가 아무리 소중히 생각해도 방임한 것과 같은 결과를 초래한다.

* Belsky, J., "Nonmaternal care in the first year of life and the security of infant-parent attachment." Rovine MJ.Child Dev. 1988 Feb;59(1):157-67.

부모가 점점 바빠져서 결과적으로 방치된 채 자란 아이들은 어떻게 될까? 가장 민감한 아이의 경우 어려서부터 과잉행동과 충동성, 아무에게나 다가가는 경향 등을 보이거나, 반대로 심한 불안감, 자폐적 경향을 나타내기도 한다. 하지만 대부분은 자라서도 아무 일도 없다는 듯이 새로운 상황에 잘 적응하는 것처럼 보인다.

아이들이 사춘기를 맞이하면서 슬슬 문제점이 드러난다. 왜 공부하는지 모르겠다고 한다든지 '나는 누구인가?' 하는 식의 질문을 던지며 우울함이나 초조함, 불안감을 드러내기 시작한다. 급격히 무기력해지거나 자신이 사랑받을 가치가 없는 것 같다고 고민하며 자해를 하거나 약물을 남용하기도 한다. 또한 연상의 이성이나 위험한 선배와 어울리기 시작하고, 주의를 주면 급속히 반항적으로 된다. 왜 일부러 자기를 다치게 하는지, 부모는 알다가도 모를 일이다.

그중에는 이러한 함정에 빠지지 않고 순조롭게 사회에 진출해 '우리 아이는 괜찮구나' 하고 안심할라치면, 마지막에 생각지도 못한 함정이 기다릴 때도 있다. 이런 유형의 아이들이 문제를 가장 잘 드러내는 시기가 있는데, 바로 배우자와 친밀한 관계를 쌓거나 부모가 되어 육아에 나설 때다.

●● 아이를 사랑하지 못하는 부모의 증가

애착장애가 있는 사람이 겪는 가장 큰 어려움은 육아를 잘하고 못하고가 아니라, 육아에 대한 의욕과 열의 자체가 없다는 것이다. 부모로부터 적절한 애정과 돌봄을 받지 못하고 자라서 애착장애가 생긴 사람에게 육아란 기쁘기보다 괴로운 일일 뿐이다. 처음부터 아이를 사랑하지 못하고 거추장스럽게 느끼는 사람도 적지 않다.

40대 초반의 여성 K씨는 걸핏하면 아이와 남편에게 감정을 폭발시켰다. 특히 아이가 등교를 거부하기 시작하면서 더욱 심해졌는데, 원체 깔끔한 성격이던 K씨는 아이가 말을 듣지 않으면 초조해하며 정떨어지는 소리를 내뱉곤 했다.

그래도 아이가 열심히 공부해서 성적이 좋았던 시기에는 그나마 참고 넘겼다. 그런데 아이가 학교에 가지 않게 되면서 갑자기 모든 것이 허무해지며 결국 아이에게도 감정을 참지 못하게 되었다.

돌이켜보면 K씨는 원래 아이를 좋아하지 않았다. 젖을 물려주거나 안아주는 것도 싫어서 무심결에 거부했던 적도 있었다. 아이는 어머니의 안색을 살피며 기분을 맞추거나 기회를 봐서 어리광을 부리기도 했지만, 그럴 때도 K씨는 '아무리 자식이지만 귀찮다'고 밖에는 생각하지 않았다.

하지만 아이의 교육에 관해서만은 열심이었다. 아이를 '사랑하는 법'은 몰라도 목적이 확실한 '공부시키기'는 쉬웠기 때문이다. 딸아이도 어머니에게 인정받고자 열심히 공부했기에 학교 성적도 좋았다. K씨는 딸아이가 시험에서 100점을 받는 일이 당연해지자 간혹 95점을 맞으면 "뭘 틀렸니!" 하며 못한 부분만을 엄하게 혼냈다.

K씨 자신도 교육열이 높은 가정에서 자랐다. 어머니는 대학 진학에만 관심이 있었다. 부모와는 공부 아니면 누가 어느 대학에 갔다더라, 친척 아이는 별로인 대학밖에 못 갔다더라 하는 식의 대화만 오갔다.

어머니는 K씨가 어떤 분야에 관심이 있는지, 기분이 어떤지 등을 질문하는 법이 없었다. 그저 사람은 할 일을 하면 된다는 식으로 감정 따위는 백해무익하다고 치부했다.

K씨도 언제부턴가 어머니처럼 일류대학에 진학하는 것만이 가치 있는 일이라고 여기게 되어 여러 학원에 다니며 열심히 공부했다. 노력한 보람이 있어서 중간급 대학에 입학했다. 특별히

하고 싶었던 분야가 있던 건 아니지만 이름만 대면 알 만한 회사에 입사하는 등 취업 관문도 무난하게 통과했다.

K씨의 연애경험은 딱 한 번이었다. 그런데 프러포즈를 받고는 갑자기 구속되는 게 겁이 나서 거절했다. 사실 결혼 따위에는 흥미도 없었고, 남자의 손길도 솔직히 좋지 않았다. 점점 나이가 들어가자 주변에서 하나둘씩 결혼하고 어머니도 시집을 가라며 성화를 내던 참에 때마침 사귀자고 한 지금의 남편을 결혼상대로 골랐다. 특별히 좋아했던 건 아니지만 학벌이 좋았기에 이 정도면 괜찮겠다고 생각했다.

그러나 부부관계를 맺은 건 신혼 때뿐, 딸아이가 생기자 거의 섹스리스나 다름없는 사이가 되었다. 여자로서 불만이 없지는 않았지만 귀찮은 게 더 컸다. 별 느낌 없는 아내의 반응에 남편도 더는 부부관계를 요구하지 않았다.

희망이라고 한다면 딸이 좋은 고등학교, 좋은 대학에 진학해주는 것이었지만, 딸아이가 학교조차 가지 않게 되면서 희망이 송두리째 무너져 내렸다. 지금은 저런 자식이 살아봐야 무슨 의미가 있겠냐며 '얼른 죽었으면 좋겠다'고까지 극단적으로 생각한 적도 있었다.

아이를 있는 그대로 사랑하지 못한다

    자식을 있는 그대로 사랑하지 못하는 부모에게서 자주 보이는 경향은 아이에게 공부나 예체능을 열심히 가르쳐서 뛰어난 능력이나 재능을 발휘하기만을 기대하는 것이다. 아이 자체를 썩 좋아하지 않아도 뛰어난 능력이나 재능이 있으면 아이를 사랑하게 되기 때문이다.

    옥시토신계의 작용으로 생겨나는 본래의 애착은 아이를 있는 그대로 긍정하고 안전기지가 되어준다. 그런데 옥시토신계가 제대로 작동하지 않으면, 육아의 기쁨이 어떤 목표를 향해 애쓰고 성과를 내는 도파민계(보수계)가 바탕이 되어 노력과 달성에 의한 만족감으로 바뀐다.

    이는 어쩌면 원형의 애정이라기보다, 열의라고 하는 편이 낫겠다. 교육열이라고 하는 것에 부모도 사로잡혀서 몰두하다 보면 마치 아이를 위해 노력하는 것 같은 기분을 맛보게 된다. 부모의 옥시토신계 작용이 약해 자연스러운 애정을 품기 힘든 경우에 대체행위가 되어준다.

    이런 경우는 조건 없이 아이를 받아들이고 공감하고 긍정하는 애정과는 결정적으로 다르다. 아이가 노력해도 목표를 달성하지 못하거나 노력을 포기하게 되면, K씨가 그랬던 것처럼 자기 아이를 '실패한 존재'로만 보게 되고 결국 마음속으로는 포기해버린다.

⬤ 아이를 사랑하지 못하는 배경 ①: 있는 그대로의 모습으로 사랑받지 못했다

아이가 귀엽지 않다, 아이를 사랑하지 않는다, 거추장스럽다고 느끼는 어머니들이 급속히 늘고 있다. 같은 아이라도 한 아이는 예쁘지만, 다른 아이는 귀찮게만 느끼는 경우도 있다. 지나치리만큼 애정을 쏟으며 예뻐하다가 언제부터인가 손바닥 뒤집듯이 애정이 식고, 짜증내고, 화내는 일이 많아지는 사례도 있다.

어머니에게 무슨 일이 일어나고 있는 걸까?

아이가 귀엽지 않다거나 사랑하지 못한다면, 어려서 부모로부터 있는 그대로의 모습으로 사랑받지 못하고 애착이 안정되지 못한 경우가 많다. 그런 사람이 간혹 하는 말이 "나조차도 사랑하지 못하는데, 자식을 사랑할 자신이 없다"이다. "자신처럼 불행한 존재를 더는 늘리고 싶지는 않다"라고 말한 사람도 있다.

어쩌면 어릴 적 숙제를 끝내지 못하고 질질 끌며 아이 시절을 졸업하지 못하고 있는지도 모르겠다. 그렇다면 아직은 마치 어린아이가 된 듯이 자기를 조금 더 우선시하고 사랑해야 한다.

그런데 이런 상태에서 아기가 생기면, 가만있어도 위태로운 상황이 더욱 위협받게 된다. 아이를 경쟁자이자 침입자로 삼아 무의식중에 적의를 품게 된다.

본인도 이를 본능적으로 느끼고 있어서 '아이 따위는 갖고 싶지 않다!' '아이가 싫다'라고 생각한다. 사실 솔직한 발언이며 정확한 인식이라고 할 수 있다. 이 상황에서 억지로 부모가 된들, 모두가 불행해질지도 모른다.

이런 사람도 임신과 출산을 거쳐 부모가 되고, 아이를 돌보는 경험 속에 크게 변하기도 한다. 분만과 수유 시에 옥시토신이 대량으로 분비되는 생물학적 메커니즘으로 애착이 활성화되기 때문이다.

아이 따위는 필요 없다던 사람도 아이를 사랑스럽게 느끼고, 육아에 여념이 없는 경우도 드물지 않다. 실제로 아이가 생기면서 인생이 바뀌었다는 사람도 적지 않다. 따라서 정답은 없다. 스스로 자기만의 정답을 찾아야만 한다.

●● 아이를 사랑하지 못하는 배경 ②: 돌봄 기회 부족

아이를 사랑스럽다고 느끼지 못하는 또 하나의 원인은 '아이를 돌볼 기회가 부족'하다는 것이다. 대개 아이가 어릴 적부터 일해야만 했던 여성에게서 이런 경우가 자주 보인다.

경제적인 이유나 업무상 압박감 때문에 육아에 전념하지 못하고 일찌감치 일을 우선해야 하는 상황에 놓이기도 한다. 직장을 위해 아이가 돌도 지나기 전에 조부모나 탁아소, 보육원에 맡기는 경우 어머니와의 애착이 불안정해지기 쉽다. 즉 아이도 어머니에게서 진짜 친근감을 느끼지 못하게 되고, 어머니도 아이를 진심으로 사랑하지 못하게 된다는 뜻이다. 이러한 경향은 아이가 커갈수록 심해진다.

애착은 육아를 통해 형성된다. 실제로도 진심으로 아이를 사랑하지 못하면, 아무리 돈을 많이 벌어서 경제적으로 부족함 없이 아이를 키우더라도 애착은 생겨나지 않는다. 애착은 상호 간의 작용이기 때문이다.

돌보지도 않고, 아이가 따르지도 않으면 부모도 아이를 이쁘게 보지 않는다. 자기가 실제로 돌본 아이와 덜 돌본 아이를 비교하면 전자에 훨씬 정이 많다. 생물학적 체계가 그렇기 때문이다.

할머니에게 맡긴 사례를 보면 아이 관점에서 진짜 어머니라고 할 만한 존재는 할머니로, 어머니는 그저 옆집 언니나 누나 혹은 아주머니 정도의 존재로 진짜 친근감을 느끼지 못한다. 어차피 할머니가 먼저 돌아가신다. 그러면 어머니와 아이만 달랑 남게 되고, 아이는 어머니에게 위화감을 느끼며, 어머니도 마음을 열어주지 않는 아이를 대하기가 버거워진다.

애착에는 합리주의적인 효율성이 통하지 않는다. 농부가 쌀 한 톨을 얻는 데는 여든여덟 번의 손길이 필요하다고 했다. 노력 없이 거저 얻어지는 것은 없다.

● ● 아이를 사랑하지 못하는 배경 ③: 지나치게 이상을 좇는 경우

또 하나는 부모의 이상을 아이에게 강요하거나, 완벽한 육아를 꿈꾸는 경우다.

부모는 아이를 누구보다도 위한다고 생각하며 실제로도 그렇지만, 애착의 안정성이라는 관점에서 봤을 때 이상만을 지나치게 강요하면 애착은 잘 안정되지 않는다.

애착이 안정되려면 안전기지가 되어야만 한다. 그러려면 응답성과 적당한 돌봄, 공감성이 중요하다고 이야기했는데, 지나치게 이상만 강요하면 응답성과 공감성 면에서 더는 안전기지로 존재하지 못하게 된다.

상대가 추구하는 바를 알아차리고 응답하는 것이 공감적 응답이다. 그런데 '완벽주의 어머니'는 자기가 이상이라고 여기는 기준을 아이에게 적용하며, 아이가 바라는 바는 뒷전이고, 가장 좋다는 것만 강요한다. 주체성이 억눌러진 아이는 마치 강제수용소에서 매일 고문 받는 기분일지도 모른다.

그런 부모가 사랑하는 건, 자기가 기대하는 이상적인 아이다. 착한 아이가 우리 아이일 뿐, 그렇지 않은 아이는 자기 아이가 아니다. 완벽한 육아로 우리 아이를 뛰어나고 훌륭하게 키우려는 마음이 너무 크면 내 아이가 생각과는 달리 기대를 저버리고, 나쁜 아이가 되는 것을 허용하지 못한다. 즉 기대대로의 착한 아이일 때는 진심으로 사랑하지만 기대를 저버린 나쁜 아이가 되었을 때는 거부하거나 부정하는 반응을 보인다.

이를 아이 관점에서 바라보면 '착한 아이'일 때는 '착한 어머니'지만, 나쁜 아이일 때는 '나쁜 어머니'가 되어 사랑해주지 않는다고 느낀다. 그러니 사랑받고 싶으면 '착한 아이'로 있어야 한다는 굴레가 생기고 만다. 이는 진정으로 안심하는 관계라기보다, 잘못 어긋나면 거부나 공격으로 돌변할지도 모르는 위태로움을 동반하는 관계다. 이것이야말로 양가형이라고 부르는 불안정한 애착의 전형이다.

이런 아이는 어머니 앞에서 진심을 털어놓지 못한다. 늘 '착한 아이'를 가장하고 있어도 진정으로 받아들여지는 건 아니기 때문이다.

간혹 아이에게서 나쁜 모습이라도 드러나면 어머니는 격렬하게 거부하거나 부정한다. 이러한 상황이 반복되면 자기 안에 겉으로 드러내면 거부당한다는 부정적인 부분이 만들어지며, 이중성과 어둠을 품은 존재와 같은 마음 구조를 만들어버린다.

이런 아이가 장래에 반려자가 될 사람을 만나 부모가 되었을 때, '좋은 배우자' '좋은 부모'일 때와 '나쁜 배우자' '나쁜 부모'가 될 때의 두 얼굴이 극단적으로 나타나기 쉽다. 매우 상냥하고 잘 이해해주는 배우자이자 부모였던 사람이 자칫 어긋나면 돌변해 미친 듯이 날뛰며 공격적인 사람이 된다.

●● 사별, 별거, 이혼, 재혼 등으로 인한 양육자의 교체

이렇게 애착장애가 급증하는 데는 또 한 가지 중요한 이유가 있다. 그것은 바로 양육자의 교체다. 부모와의 사별이나 별거 혹은 부모의 이혼이나 재혼 등으로 양육자가 바뀌는 일이 적지 않은 세상이다.

1960년대 이후 증가일로에 있는 것은 이혼이다. 미국의 이혼율은 1960년대를 경계로 급증하기 시작해, 1980년대 이후 상향 안정화 추세에 있다.

그렇게 이쁘기만 했던 아이가 갑자기 보기 싫어지고 심지어 학대까지 하게 되는 데는 배우자와의 관계 악화가 많은 영향을 끼친다. 부모의 사이가 나빠지거나 다른 사람이 생기면 자식이 방해된다며 마치 짐처럼 여기기도 한다.

이혼을 포함해서 아이에게는 물론 아무런 잘못이 없다. 부모쪽의 일방적인 형편이나 사정에 지나지 않는다. 아이를 걱정하기보다 부모 자신의 인생과 자기실현을 우선시하는 것을 당연하게 여기는 최근과 같은 개인주의 시대에서 아이의 입장은 더 어려워질 수밖에 없다.

산부인과적 요인과 양육방법의 근대화

또한 애착을 위협하는 원인으로 '산부인과적 관여'를 꼽는다. 그중에서도 일반화된 신생아실에서의 관리는 영향이 매우 컸다.

최근 연구에서 애착이 안정되기 위한 임계기는 두 번 있는데, 한 번은 생후 6개월부터 1년 반까지라고 이미 알려져 있었다. 그리고 남은 한 번이 태어나서부터 몇 시간 동안이다. 이 몇 시간은 애착 형성에 민감한 시기로, 이 몇 시간 동안만이라도 어머니의 곁에서 지내게 하면 이후 애착은 잘 안정된다.

그런데 분만 후 신생아를 신생아실로 옮겨서 지내게 하는 것이 일반화되었다. 1950년대부터 산부인과에서의 분만이 일반화되었고, 일본에서도 1960년대에 급속히 정착되었다.

이는 신생아를 효율적이고 위생적으로 관리하고 또 분만으로 지친 산모를 쉬게 하기 위해서였다. 그런데 이것이 과잉 대처가 되었을 가능성이 있다. 세상에 태어나서 단 몇 시간이라도 어머니와 신생아가 얼굴을 마주하고 그 시간만이라도 스킨십을 하도록 배려해야 한다.

현재 아기 분유는 점점 개량되어 성분 등의 기능적인 면에서는 모유로도 손색이 없을 정도로 개선되었다. 다만 젖을 물리면 어머니의 육체뿐 아니라 뇌에서도 옥시토신계 분비가 촉진된다. 이것만큼은 아무리 인공유 성분이 개량되어도 절대 대신해주지 못한다.

게다가 어머니의 사회진출로 인해 이유기(離乳期)가 빨라지고 있다. 침팬지는 인간만큼이나 유아기가 길며 아홉 살쯤에 사춘기를 맞이하는 등 어른이 될 때까지 십수 년이 걸린다. 젖을 뗄 때까지는 밤에 어머니 침팬지 품에 안겨서 지낸다. 침팬지보다 더욱 진화해 어린 시절이 훨씬 긴 인간은 열 살에서 열두 살 사이에 사춘기를 맞으며 성숙하는 데 18~20년이 걸린다. 그런데 젖을 떼는 시기는 이상하리만치 이르다. 게다가 모친의 젖이 일찌감치 마르는 탓에 분유로 대체하고 있는 사례도 많다.

문화인류학적 연구에 따르면, 이처럼 이른 시기에 젖을 떼는 건 서구사회에서 특이 현상으로 대개의 사회에서는 일반적으로 더 늦게까지 젖을 물렸다. 일곱 살 혹은 그 이상의 나이까지 젖을 물리기도 했다.

오늘날 분유가 영양학적으로는 모유에 손색이 없을 정도로 개량되었다고 해도, 애착에 주는 영향은 피할 수 없다. 여성이 일하는 데 수유는 가장 방해가 되는 부분 중 하나다. 분유의 개

발로 여성의 사회진출이 예전에 비해 더욱 활발해졌을지 몰라도, 영양 면과는 별개로 아이들에게 미치는 여파가 적잖았을 것으로 보인다.

●● 세대를 거치며
애착장애가 재생산되다

1960년대를 기점으로 미국 사회에서는 여성의 취업과 이혼의 증가가 학대 증가와 정비례하는 현상이 나타났다. 이를 지원하기 위해서 분유가 보급되었고, 이유기가 빨라졌다. 또한 근대적 설비를 갖춘 산부인과에서의 출산이 일반화되면서 신생아실이 보급된 것도 이때였다.

이 모든 것들이 애착장애와 애착이 불안정해질 위험성을 증대시켰다. 그리고 1960년대 이후 애착장애나 불안정한 애착과 관련이 깊은 질환과 장애가 서서히 시작되더니 점점 증가하기 시작했다.

어떤 사정으로 애착이 불안정해졌을 때, 적절한 대처나 지원 없이 부모가 되면 제대로 양육하지 못해 아이에게 애착장애가 생기기 쉽다. 이럴 경우 문제는 애착장애가 완화되기보다도 세대를 거치며 심각해지기 쉽다는 것이다.

첫 세대에서 부모는 애착이 안정돼 있지만 바빠서 아이에게는 크게 신경을 쓰지 못했을 수도 있다. 2세대가 되면 처음부터 애착이 불안정해 육아를 힘들어하는 데다가 사회진출은 늘고, 직장에서의 요구도 점점 커질 수 있다. 그런 중에 학대도 일어나기 쉽다.

이렇게 자란 아이는 더욱 심각한 애착장애를 안게 된다. 이렇게 3세대가 된 아이가 부모가 되고 아이를 키워간다. 배우자도 애착장애가 생기기 쉽고, 부부 사이도 불안정해지기 마련이다. 그러니 어려움은 더욱 늘 수밖에 없다. 사회적인 지원으로 어머니를 보호하는 수단을 마련하지 않는 한, 이 악순환을 멈추기는 어렵다.

◖◗ 가치관의 변화:
전통적 윤리와 종교의 쇠퇴

라이프스타일의 변화뿐 아니라 개인주의나 효율주의를 신봉하는 가치관의 변화도 애착을 유지하는 데 불리한 상황을 초래하고 있다.

　가족을 안정시키고 학대와 방임을 방지하는 데 있어서, 종교
와 여기에 깊이 연관된 사회 윤리관이 큰 역할을 한다. 사회 윤
리관의 변화는 교회나 사찰을 중심으로 하는 공동체가 붕괴하
는 과정과도 연결되어 있다.

　사람들이 마음을 의탁하던 종교와 신앙의 역할이 퇴색되어
가고 있다. 이러한 현상이 눈에 띄기 시작한 시기가 바로 1960
년대 이후부터다. 미국의 한 통계에 따르면 1950년부터 1960
년까지 무교인 사람은 2%로 거의 일정했다. 그런데 1970년에
는 3%로 증가했고, 1980년에는 7%까지 치솟았다. 2010년에는
14%까지 상승했고, 2018년에는 20%에 이르렀다.* 심지어 미국
에서 가장 많은 전통적 프로테스탄트 비율은 감소세가 멈추지
않고 있다.

　종교가 가진 역할 중 하나는 애착장애로부터 우리를 보호하
는 것, 즉 '죽음에 이르는 병'에서 벗어나게 돕는 일이다. 부모가
없는 아이, 부모에게 사랑받지 못한 아이에게도 하느님이나 부
처님이 똑같이 애정을 주시는 신앙은 결점을 보충해주는 강력

* https://www.statista.com/statistics/245478/self-describedreligious-identification-of-americans/

한 장치였다. 속세의 유동적인 사랑보다, 변함없이 위대한 존재의 사랑을 믿고 감사함으로써 부족한 사랑에 대한 분노와 불만, 슬픔을 극복할 수 있었다. 그런데 종교가 이러한 기능을 잃어가는 동안 애착장애가 현저해진 면도 부정하지는 못할 것이다.

반면에 종교가 이러한 역할을 다하기는커녕 거꾸로 애착장애를 낳는 요인이 되는 사례도 간혹 눈에 띈다. 전형적인 사례를 들면 이렇다. 어머니가 신흥종교 등에 빠져들어 육아나 집안일은 내팽개치는 바람에 아이가 외로워하는데도 알아차리지 못하거나, 종교적 교리며 행동을 아이에게 강요하며 조금이라도 벗어날라치면 엄하게 혼내거나 부정적인 말을 퍼부어 아이를 심리적으로 학대하는 사례 등이다.

이 사례들은 가정이 신앙의 힘으로 따뜻하고 포근해지며 안전기지로서의 기능을 높이기보다, 긴장감과 불안을 키우거나 본인의 주체성을 침해하는 위험기지가 되어버린 경우이다.

유명무실해진 전통 종교도, 과격한 컬트 종교도 애착을 안정화하고 본래의 인연을 지키는 기능을 담당하지 못하고 있다. 따뜻한 공동체를 만들기 위한 관용의 정신을 키우고 사람과 사람의 연결을 지지하는 체계로서 종교가 작용하기보다, 주체성을 빼앗으며 지배와 제어를 강화해온 측면이 있다. 어쩌면 종교가 애착장애의 극복을 맡아온 것이 아니라 학대의 재생산을 맡아온지도 모르겠다.

●● 키르케고르의 '죽음에 이르는 병': 절망 분석

키르케고르와 동시대 기독교인들에게 육체는 죽어도 영혼은 불멸이라는 관념이 널리 퍼져 있었다. 즉 육체적인 죽음은 죽음이 아니다.

불멸이라고 하는 '영혼의 죽음'이란 과연 무엇인가? 키르케고르의 '죽음에 이르는 병'이란 절망, 즉 신이란 존재를 믿지 못하게 되는 것을 말한다. 지금으로부터 170여 년 전인 19세기 중엽에 이러한 저작물이 탄생한 데는, 당시 유럽의 프로테스탄트 권역에 이미 신을 진심으로 믿지 못하게 된 사람이 이미 생기기 시작했음을 뜻한다.

키르케고르의 절망에 관한 분석은 심리분석이라는 특징이 있다. 그러나 구체적인 사례연구라기보다 일반적인 고찰로 이뤄진 추상론으로 시종일관하고 있다.

그래도 키르케고르가 후세에까지 영향력이 큰 데는 절망의 형태를 세 가지로 분류해 문제에 대한 이해를 충분히 제공했기 때문이다.

당시의 철학적 논의에서는 '인간이란?'이라는 일반론에서 탈피하지 못해 문제를 꼽아내기 어려웠다. 그런데 키르케고르는 절망에는 세 형식이 있다며, '절망을 자각하지 못한 사람'도 실은 절망하고 있으며 나아가 '절망을 자각한 자기를 회피하려는 타입'과 '절망을 자각하고 자기 자신으로 있으려는 타입'이 있다고 짚어내어 절망한 사람에게 수반되는 불가해한 행동을 설명할 수 있게 만들었다.

◐ 개인에게 책임을 묻다: 키르케고르의 엄격함과 죄의식

키르케고르는 개인주의를 한발 더 나아간 실존주의의 선구자적 사상가라고 일컫는데, 그가 절망을 신이나 세상 문제가 아닌 개개인간의 심리적 문제로 바라보면서 그만의 빛을 발하게 되었다.

즉 신이나 세상에 대한 절망은 자기에 대해 절망하기 때문이라는 것이다. 자기를 향한 절망이 신을 믿지 못하게 되는 형태로 드러난다. 그야말로 역발상이었다.

키르케고르는 제왕이 되고 싶은 자가 제왕이 되지 못했을 때의 절망감은 그렇게 되지 못한 자신에 대한 절망이라고 했다. 마치 바깥세상인 현실에 절망하는 것처럼 보이지만, 실은 바람을 이루지 못한 자신에 대한 절망이라고 말이다.*

그러면 신을 못 믿는 것도 자기 자신에게 책임이 있는 셈이다. 실제로 키르케고르는 "절망은 죄다"라고 말했다. 개인주의가 시작되고 번창한 시대에 개인의 주체적 관여와 노력의 중요성을 설교한 키르케고르의 사상은 높이 평가받았다.

예를 들어 어머니에게 애정을 받지 못한 아이가 있다고 가정하고(슬프지만 그런 아이는 한둘이 아니다), 그 아이가 언제 절망하는지 생각해보자.

대개 그런 아이들은 자신을 사랑하지 못한다. 신은 물론 타인이나 세상을 사랑하기도 쉽지 않다. 어쩌면 가장 근본적인 의미의 절망일지도 모른다. 키르케고르식으로 말하자면, 그 아이는

---

* 키르케고르 『죽음에 이르는 병』 2007년 한길사에서 동명 제목으로 번역 출판됨. 사이토 노부하루 역, 岩波文庫, 1957년

자기에게 절망했기에 어머니에게도, 그리고 그 누구에게도 사랑받지 못하게 된다.

물론 아이는 어머니에게 사랑받지 못하는 자기에게 절망하고 있겠지만, 자기에게 절망해서 어머니에게 사랑받지 못하고 어머니를 신뢰하지 못하는 건 아니다. 오히려 어머니에게 적절한 애정을 받지 못했다는 현실이 먼저다. 이는 그의 탓이 아니며, 죄라기에는 너무 가혹하지 않은가.

사랑받지 못한 어린 아기는 자기 자신을 인식하기 전에 먼저 타인과 세상에 대한 분노와 절망을 배운다. 자기 자신에게 대한 절망이 먼저 시작된 게 아니다.

그런데 개인에 대한 절망이 먼저라는 생각은 사실을 뒤집는 것이나 다름없다. 개인의 책임이나 노력을 중시하는 나머지, 개인에게 더 갈 곳 없는 막다른 골목에까지 밀어붙여 어떻게든 하라며 노력과 책임을 강제하는 것. 바로 여기에 '죽음에 이르는 병'을 낳게 하는 진짜 이유가 있는 것이다.

이러한 상황에 닥치면 절망하는 게 당연하다. 오히려 있는 그대로 받아들이는 데부터 출발해야 한다.

절망하는 것조차 허용하지 않으며 질타하려는 키르케고르 사상의 바탕에는, 역시 노력하지 않으면 살아갈 가치가 없으니 불후의 목숨을 향해 끊임없이 노력하라는 프로테스탄티즘 가치관과 성공한 상인의 사고방식이 있다.

키르케고르는 개인의 주체적 관여에 중점을 두는 실존주의 철학자의 선구자로서 명성은 높지만, 객관적인 사실을 볼 때 자기에게 주어진 운명 앞에 개인은 너무나도 무력하고 그저 농락당할 수밖에 없는 수동적인 존재라는 것 역시 부정할 수 없어 보인다. 주체적으로 살아가려고 해도, 개인이 바꿀 수 있는 건 너무나도 한정돼 있다. 그런데도 바꾸려 들지 않는 게 죄라고 한다면 그야말로 절망하지 않을 수 없다.

풍족한 가정에서 태어나, 어떤 불편함 없이 자랐을 키르케고르는 왜 이렇게까지 개인에게 엄격한 삶을 강요했을까? 그 이유를 살펴보자.

◖◗ 키르케고르의 비밀

이런 식으로 자기를 몰아붙이고 노력해 하늘을 우러러 한 점 부끄럼 없이 인생을 살아야 한다는 키르케고르의 신념은 아버지를 닮아서인지도 모르겠다.

아버지인 미카엘은 매우 가난한 농가에서 태어나 어려서부터 목동으로 일했다.* 이런 처지 때문에 신을 저주한 적도 있다고 했다. 단순히 일이 힘들거나 배가 고파서라기보다, 정신적으로 더욱 괴로운 상황이 있었던 것이다.

미카엘은 열두 살에 고향을 떠나 코펜하겐으로 향했다. 죽어라 일했고, 기회가 생기자 사업을 시작해 점차 확장해갔다. 쉴 새 없이 일한 탓에 서른일곱이 되고서야 겨우 가정을 꾸릴 수 있었다.

당시는 젊어서 일하다가 어느 정도 경제적 지위를 얻고 나서 결혼하는 일도 많다 보니 특히 남성에게는 만혼이 적지 않았다. 미카엘도 젊어서는 가정의 행복은 뒤로하고 필사적으로 사업에 매달렸다.

평생 스스로 돈을 벌기 위해 일한 적이 없었던 키르케고르지만, 근면이라는 점에서 보면 아버지를 닮았다. 그의 자택에는 집필용 책상이 세 개 있었는데, 아이디어가 떠오르면 곧바로 집필할 수 있게 펜과 종이가 항상 준비돼 있었다. 그는 병약했는데

---

* 구도 야스오(工藤綏夫) 『키르케고르: Century Books: 사람과 사상』 淸水書院, 2014년

도 끊임없이 원고를 쓰며 마흔두 살의 짧은 생애 동안 방대한 원고와 작품을 남겼다.

한 가지 수수께끼라면, 방대하게 남긴 원고를 샅샅이 뒤져봐도 어머니에 대한 언급은 한마디도 없다는 점이다. 처음부터 어머니가 존재하지 않았던 것처럼 말이다.

심리 임상 세계에서도 간혹 이런 현상이 있다. 의도적인 것은 아니었겠지만, 가족 구성원에 대해서 일절 언급하지 않는 경우다. 마치 그런 존재는 없었다는 듯이 어떤 말도 하려고 들지 않는다. 다른 가족에 대해서는 술술 풀어내면서 부자연스러우리만치 침묵을 지킨다.

프랑스의 소설가인 프루스트(Marcel Proust)는 자신의 소설 『잃어버린 시간을 찾아서』에서 남동생에 대해 단 한마디도 언급하지 않았다. 프루스트는 어머니의 사랑을 빼앗아간 남동생을 작품에서 없앰으로써 무의식중에 복수라도 했지만, 키르케고르가 침묵한 이유는 무엇이었단 말인가?

◖● 자기 자신에게 덧씌운
절망과 죄의식

　키르케고르의 어머니는 집에서 일하던 하녀로, 본처를 떠나
보낸 아버지가 선을 넘어 아이가 생기는 바람에 결혼했다는 사
연이 있다. 이 일을 알고 키르케고르는 수년간 방탕하게 지냈을
정도로 크게 충격을 받았다. 키르케고르는 곁에서 보기 아니꼬
울 정도로 자부심이 셌다고 하니, 어머니가 하녀였다는 과거나
아버지와의 사이에서 벌어진 일들을 얼마나 수치스러워했을지
상상하기란 어렵지 않다.

　그러나 어머니는 엄숙한 키르케고르 가에서 가장 밝고 따뜻
하며 자연스러운 애정을 갖춘 존재였던 모양이다. 만약 어머니
와의 애착이 탄탄했다면, 사정이야 어떻든지 어머니를 창피해하
는 게 아니라 오히려 경애하는 마음이 깊어졌다고 해도 이상하
지 않다.

　그런데도 키르케고르에게 어머니는 언급하기 꺼려지는 존재
일 뿐이었다. 어쩌면 죄를 짓고 부정한 결혼으로 태어난 자신에
게 죄의식을 품었을지도 모른다. 이는 키르케고르 철학의 중요
한 부분을 차지한다.

자산가 집안의 자제로 잘생기고 교양 있으며 재치도 있고 뛰어난 달변가였던 키르케고르는 얼마든지 잘 어울리는 배우자감을 찾을 수 있었을 것이다. 실제로 레기네라는 소녀와 만나 약혼까지 했지만, 스스로 파혼하고 베를린으로 도망가버렸다. 이일은 스캔들이 되어 코펜하겐이 떠들썩했을 정도였다. 키르케고르는 결혼 직전에야 결혼이 자기 세계를 위협할지도 모른다는 공포에 사로잡혔던 모양이다.

결국 평생 독신으로 지내며 딱히 생업을 갖지도 않았다. 아버지의 막대한 유산이 있어서 일하지 않고도 자비출판이 가능했으며 자유롭게 지낼 수 있었다.

이러한 삶은 키르케고르의 애착장애가 얼마나 심각했는지를 잘 보여준다. 결국 그의 철학은 자신의 애착장애를 극복하는 데 도움이 되지 않았다. 그는 자기 애착장애를 마주하기보다, 오히려 덮고 숨기기 바빴다. 절망과 죄의식에 사로잡혀서도 자기 자신으로 있으려고 애썼다.

현대에는 신은 물론이거니와 부모에게도 사랑받지 못하고 절망한 사람들로 가득하다. 부모에게 사랑받지 못했으니 배우자나 아이에게 사랑받지 못한대도 이상할 건 없다. 하물며 타인과 나누는 깊은 우정과 신뢰는 기대하지도 않는다. 뒤집어 말하면, 가족에게도 이웃에게도 사실은 신뢰도, 애정도 품지 못하는 사람이 늘고 있다는 점이다.

산업혁명 이후, 애착에 바탕을 둔 유기적 사회는 이익만을 효율적으로 창출해내는 기계의 톱니바퀴처럼 무기력 사회로 변해왔다. 마지막 종착지에는 최후의 보루였던 부모 자식 사이의 인연조차 산산이 부서져버릴지 모른다. 어쩌면 생존조차도 위태로울지 모른다며 경고한다.

애착이라는 체계를 경시해온 탓에 점점 애착이 불안정해지고 애착 관련 장애가 만연하다 보니, 예전에는 특수한 시설에서의 드물고 예외적인 사례였지만, 지금은 지극히 보통 가정에서도 일반화된 장애가 되었다.

ADHD는 발달장애의 일종으로 과잉행동, 충동성, 주의력 결핍 등의 특징이 있으며 아이들만이 겪는 장애라고 여겨졌다. 그러나 이와 같은 문제로 고민하는 성인이 늘면서 어른에게도 ADHD 진단을 내려야 한다는 움직임이 거셌다. 하지만 정리정돈이 안 된다거나 기분 또는 인간관계로 고통스럽다면 성인 ADHD보다 애착장애를 의심해봐야 한다. 6장에서는 성인 ADHD와 애착장애의 관계에 대해 설명하며, 성인들에게 흔히 나타나는 애착장애 증상에 대해 다룬다.

6장

'어른의 발달장애'에
숨어든
애착장애

●● 완벽했던 그녀에게
무슨 일이 있었던 걸까?

어릴 적 C씨는 모두에게 동경의 대상이었다. 성적이 뛰어났을 뿐 아니라 언제나 학급위원으로 리더십을 발휘했으며, 누구에게나 친절해 인망도 두터웠다. 더욱이 용모도 단정해 운동도 그림도 서예도 수준급이었고, 피아노 실력은 음대 진학을 권유받을 정도였다. 게다가 기업을 경영하며 지역 유지였던 집안의 자제로 '앞으로 어떤 인생이 펼쳐질까' 하고 다들 부러워했다.

그런 C씨가 실제로는 마음에 깊은 균열을 품고 지냈으리라고는 아무도 상상조차 못 했다. 그녀에게 무슨 일이 있었던 걸까?

C씨가 세 살 때 겪은 부모의 이혼이 불행의 시작이었다. 이혼하기 1년 전부터 부부 사이가 삐걱거리고 있었는데, 어머니는

늘 손아래 여동생만 데리고 친정에 갔다. 어머니가 떠난 후에도 C씨는 할머니가 보살폈다. 집에는 가정부가 늘 있었고, 집은 언제나 시끌벅적해 어머니를 잃은 외로움을 깊이 느끼지는 못했다. 오히려 진짜 시련은 다섯 살 때 아버지의 재혼과 함께 새어머니가 집에 들어오면서부터였다.

처음에는 새어머니도 C씨에게 상냥했다. 귀엽고 똑똑하며 발랄했던 C씨를 마음에 들어 하며 몹시 애지중지했다. 비록 어렸지만 C씨도 새어머니 마음에 들려고 노력했다. 계모가 칭찬해주면 기뻤다. 낳아준 어머니에 대한 기억이 흐릿해지면서 '자기에게 어머니는 이 사람'이라고까지 생각했다.

그러던 어느 날 남동생이 생기면서 상황은 돌변했다. 남동생이 태어나자 새어머니의 태도가 확 변했다. 아직 초등학교에 입학하기 전이었지만, 새어머니의 안중에 자기가 없다는 것을 C씨도 느꼈다.

그래도 할머니가 살아계시는 동안은 그나마 나았다. 초등학교 2학년 봄방학에 C씨 자매의 방패막이가 되어주었던 할머니가 돌아가셨다. 그 후 C씨에 대한 새어머니의 태도는 눈에 보일 정도로 냉랭해졌다.

불에 기름을 부은 격으로 아버지 회사가 경영악화에 빠지며 사태를 더욱 키웠다. 새어머니 처지에서 보면 아이가 딸린 이혼 남과 결혼한 건 돈 때문이었고, 고생시키지 않겠다는 말에 끌렸기 때문이기도 했다. 더는 약속이 지켜지지 않게 된 지금, 속았다는 억울한 마음이 C씨를 향한 분노로 표출되었다.

무슨 일이 생길 때마다, 새어머니는 남편과 주변에 C씨 험담을 늘어놓았고, 진짜라고 생각한 아버지는 C씨에게 사정도 묻지 않고 화부터 내며 엄하게 꾸짖었다. 손아래 남동생에 대한 태도와 너무나도 달라서 서러운 마음에 침대에서 남몰래 눈물을 흘리기도 했다. 언제부터인가 새어머니와 아버지의 안색만 살피게 됐다.

⬤ 쾌활했던 소녀가 문제아가 되기까지

C씨는 일찌감치 집을 나오고 싶은 생각에 전교생 기숙사제 중학교에 가고 싶다고 말하자 새어머니와 아버지는 서로 얼굴을 쳐다보며 흔쾌히 허락했다. '역시 자기가 방해가 되어 나가기만 바랐던가' 하고 생각하니 내심 서글프기도 했다. 하지만 공

부를 잘해야 부모님이 좋아하니까 열심히 공부해서 새어머니가 입이 마르게 칭찬하던 유명 국립대에 입학해 인정받고 싶다며 학업에 매진했다.

주말에는 보통 본가에 들렀지만, 새어머니가 불편해하는 표정을 보기가 싫어 기숙사에서 지내는 날이 많아졌다. 갖고 싶은 게 있어도 돈 이야기를 꺼내지 못해서 친구들에게 빌렸다. 이렇게 돈 때문에 전전긍긍하면서도 비싼 책이나 옷을 충동적으로 사버리다가 나중에는 정말 어려워졌다.

잠잘 시간도 아껴가며 노력하는 한편, 한번 우울해지기 시작하면 2, 3일간 움직이지도 못하는 일이 잦아졌다. 중고등학교 때부터는 덤벙대는 통에 물건을 잃어버리거나 기한 내 과제물을 제출하지 못하는 일까지 벌어졌다.

어려서는 생기발랄하고 당찼던 소녀가 어딘가 멍하고 생각에 잠기며 침울한 여성으로 변해 있었다. 그후로도 건망증에 지각, 주의산만으로 인한 실수는 아무리 신경을 써도 좋아지기는커녕 점점 심해졌다.

그래도 고등학교는 그 지역에서 세 손가락에 꼽는 명문고에 진학했다. 대학도 지방 국립대라면 의대 정도는 무난히 갈 수 있을 거라고 했지만, 새어머니가 지방 대학은 무시하는 걸 알아서 유명 국립대가 아니면 안 된다는 생각에 무리해서 지원했다가 결국 불합격했다. 재수해서 재도전했지만 컨디션 난조에 두 번째 입시도 실패했다.

결국 도쿄에 있는 사립대학에 입학했다. 결과를 보고하자, 아니나 다를까 새어머니는 빈정대는 듯한 차가운 목소리로 입학금 이외에는 일절 줄 수 없다고 선언했다.

이후로 C씨는 아르바이트를 하느라 눈코 뜰 새 없이 바쁘기도 했지만, 단 한 번도 본가에 가지 않았다. 그렇다고 새어머니로부터 전화 한 통 걸려온 적도 없었다. 새어머니라고는 하지만 C씨에게는 가장 인정받고 싶은 사람이기도 했다. 남동생에게만 정신이 팔려있는 새어머니는 이제 C씨의 일은 완전히 잊어버린 듯했다.

C씨는 어떻게든 대학을 졸업하고 나름 좋은 회사에 취직했다. 용기를 내어 전화를 걸자, 새어머니도 함께 기뻐해 주면서도 어느 사이에 통화 내용은 남동생 자랑으로 바뀌어 있었다.

애써서 들어간 회사였지만, 너무 신경을 쓰다 보니 몸이 지쳤고 실수와 지각이 잦아졌다. 또한 실수하면 어쩌나 싶은 마음에 겁부터 내다보니 침착하지 못했다. 점차 눈치가 보여 1년 만에 회사를 그만두었다.

그러나 C씨는 본가에는 회사를 그만뒀다는 말도 하지 못하고 아르바이트를 전전하며 겨우 먹고살았다. 그런데 1년에 3분의 1 정도는 몸 상태가 나빠서 누워 있었으므로 어떤 일도 오래가지 않았다.

어떻게든 일을 하고 싶었지만, 혼자 있을 때면 멍해지고 시간만 흘러갔다. 빠릿빠릿하지 못하고 무엇 하나 계획적으로 해내지 못했다. 물건도 일정도 제대로 관리하지 못한 채 방안은 늘 어질러져 있었다.

지금 30대가 되어 무슨 일이든 잘 풀리지 않는 건, 최근에 자주 들었던 ADHD 때문에 주의가 산만한 탓이 아닌가 하며 원인을 알고 싶어서 상담하러 온 것이었다.

◖◗ 산만한 어른은 '성인 ADHD'인가?

C씨처럼 정리정돈을 못 하고 조심성이 없으며 실수가 잦고 충동적으로 행동하다 보니 실패하는 등의 '증상'으로 고민하는 사람이 적지 않다. 성인의 과반수가 주의가 산만하다는 '증상'이

있다고 할 정도이다. C씨와 같이 증상을 호소하며 의료기관을 방문하면 간단한 문진표를 작성하게 한 다음, 내려지는 진단명이 대개 '성인 ADHD'다.

ADHD는 발달장애의 일종으로 과잉행동, 충동성, 주의력 결핍 등의 특징이 있으며 선천적 요인이 강한 장애다. 원래 아이들이 겪는 장애라고 여겨왔지만, C씨처럼 어른도 주의력 결핍이나 충동성, 침착성이 없다는 등의 문제로 고민하는 사람이 늘어서 어른에게도 'ADHD'이라는 진단을 내려야 한다는 움직임이 커졌다.

아동 ADHD에는 중추신경자극제 등 ADHD 개선을 위한 약이 처방되는데, 이를 어른에게도 적용하려면 진단을 확대해야 했기 때문이다. 미국 정신의학회는 진단기준을 변경해 아동에게 한정해 적용했던 ADHD라는 진단을 성인에게도 적용하도록 조치했다. 일본 등 많은 나라가 미국의 이런 기준을 따랐다. 이에 따라 아동에게만 사용되던 치료약을 성인에게도 처방할 수 있게 되었다.

대표적인 약제인 중추신경자극제는 각성제 등과 작용이 비슷하지만 각성제보다는 천천히 효과가 나타나도록 조제돼 있다. 흥분하거나 쾌감이 생기지 않는 범위에서 전두엽(prefrontal cortex, PFC; 전전두엽 피질이라고도 함-옮긴이)에서의 작용을 높여서 주의력 결핍과 충동성을 개선하겠다는 것이다.

'성인 ADHD'는 일반에 널리 알려지게 되었고, 주의가 산만하고 정리정돈이 안 되거나 시간 약속을 잘 지키지 못한다며 고민하는 사람이 약으로 개선될 수 있다는 믿음으로 정신과로 몰려드는 사태를 초래했다.

아동과 비교하면 효과가 크지 않고 미미하지만*, 단기간에 극적인 효과가 있는 사례도 있었다.

다만 장기적인 효과에 관한 연구에서는 아동도 약을 쓰든 안 쓰든 개선에는 차이가 없다는 결론이 나왔다.** 성인은 물론 십대 청소년도 장기적으로는 개선 효과가 없다는 더욱 심각한 결과도 있었다.*** 즉 효과가 있어도 단기적이어서 점점 효과는 반감된다는 것이다.

* Schrantee et al., "Age-Dependent Effects of Methylphenidate on the Human Dopaminergic System in Young vs Adult Patients With Attention-Deficit/Hyperactivity Disorder: A Randomized Clinical Trial." JAMA Psychiatry. 2016 Sep 1;73(9):955-62.

** Molina et al., "The MTA at 8 years: prospective follow-up of children treated for combined-type ADHD in a multisite study." J Am Acad Child Adolesc Psychiatry. 2009 May;48(5):484-500.

*** van Lieshout et al., "A 6-year follow-up of a large European cohort of children with attention-deficit/hyperactivity disordercombined subtype: outcomes in late adolescence and young adulthood." Eur Child Adolesc Psychiatry. 2016 Sep;25(9):1007-17.

그런데도 지푸라기라도 잡으려는 심정으로 오는 사람도 많았다. 현재도 처방은 증가 일로에 있다.

C씨는 ADHD인 걸까? 현재 증상만 보면 맞을지도 모른다. 그러나 ADHD라고 진단하려면, 늦어도 열두 살까지 ADHD 증상을 보였어야 한다. C씨는 적어도 초등학생 때까지는 유사한 징후도 보이지 않았으며, 오히려 다른 학생의 모범이 되는 존재였다. 그런데도 유전 요인이 70%나 되는, 즉 선천적인 요소가 강한 ADHD 가능성을 의심해야 하는가?

●● 성인 ADHD는 발달장애가 아니었다!

세상에 널리 알려지며 어른의 ADHD 개선을 위한 처방 수가 급격히 확대되는 중에 찬물을 끼얹는 일이 생겼다. 뉴질랜드, 브라질, 영국의 각 도시에서 장기간 실시된 세 가지 코호트 연구(같은 해에 태어난 주민 전체를 추적 조사한 연구방법으로 인과관계를 증명하는 가장 강력한 방법) 결과가 차례로 보고된 것인데, 세 조사 모두 성인 ADHD는 아동 ADHD와는 비슷해 보이지만 전혀 다른 것으로 발달장애가 아니라는 결론이었다.*,**,*** 즉 성인 ADHD는 ADHD가 아니었던 것이다.

성인 ADHD 대부분은 열두 살 이후에 증상이 시작되어 나이가 들어가면서 오히려 악화됐다. 이에 반해 아동 ADHD는 나이가 들면서 점차 개선되어 열두 살이 되면 절반 이상이 진단기준에 맞지 않으며, 열여덟 살쯤 되면 80%가 좋아지고, 중년기가 되면 90% 이상이 진단에 해당하지 않았다.

아동 ADHD는 압도적으로 남자아이가 많은 데 반해 성인 ADHD에서는 남녀 차이가 없었다. 또한 아동 ADHD는 인지기능이나 언어, 기억력이 약하지만 성인 ADHD는 이러한 기능적 저하는 보이지 않았다. 신경장애 면에서 보면 성인 ADHD가 훨씬 가벼웠다.

그런데 삶의 고통이라는 면에서 보면 성인 ADHD가 훨씬 심

---

* Moffitt e t al., "I s Adult ADHD a Childhood-Onset Neurodevelopmental Disorder? Evidence From a Four-Decade Longitudinal Cohort Study." Am J Psychiatry. 2015 Oct;172(10):967-77.

** Caye et al., "Attention-Deficit/Hyperactivity Disorder Trajectories From Childhood to Young Adulthood: Evidence From a Birth Cohort Supporting a Late-Onset Syndrome."JAMA Psychiatry. 2016 Jul 1;73(7):705-12.

*** Agnew-Blais et al., "Evaluation of the Persistence, Remission, and Emergence of Attention-Deficit/Hyperactivity Disorder in Young Adulthood." JAMA Psychiatry. 2016 Jul 1;73(7):713-20.

각했다. 이들의 생활은 지각과 실수, 어질러진 방, 빚, 계속되는 이직과 이혼 등으로 매우 혼란스럽다. 알코올이나 약물의존, 우울증과 조울증, 불안과 같은 정신적 합병증의 발병 빈도도 높았으며, 교통사고나 범죄에 연루될 가능성도 훨씬 컸다.

성인 ADHD의 특징은 능력적으로는 뛰어난데도 삶이 괴롭고 혼란스럽다는 모순된 측면이 있다는 점이다.

◕ 성인 ADHD의 정체, 다양한 병명의 기저에는?

성인 ADHD는 기분 장애, 불안증, 의존증, 인격성 장애 등이 잘못 진단되었든가, 알 수 없는 장애일 가능성이 크다. 그렇다면 성인 ADHD의 정체는 무엇인가?

여기까지 이 책을 읽은 독자라면 다양한 병명의 기저에 공통된 하나의 본질적 문제가 있다는 것을 알았을 것이다. 그것은 바로 C씨를 끊임없이 괴롭히던 진짜 원인, 즉 양육자와의 이별과 양육자로부터의 신체적 학대 및 심리적 학대와 방임으로 생긴 애착장애다.

애착장애는 빈도 면에서 남녀 차이가 없다는 점, 다양한 정신적 합병증과 어려움이 있다는 점, 신경적 장애가 심각하지 않은데도 생활이 매우 곤란하다는 점, 즉 장애와 괴로운 삶 사이에 괴리가 있다는 점에서 성인 ADHD와 대부분 일치한다.

실제 임상에서 성인 ADHD가 의심스러워 내원하는 사람들의 생활사를 살펴보면, 대개 부모와의 관계를 힘들어하고 학대가 의심되는 정황에 있었다고 알려진 사례가 매우 많다는 것이다. 이 모든 사실은 그들을 괴롭히는 정체가 양육 요인에 기인하는 애착장애에서 유래한다는 것을 강력하게 시사한다.

● 성인 ADHD의 대부분은 성인 애착장애가 차지하고 있다

이렇게 조금씩 틈이 벌어지기 시작한 건, 부모로부터 버려진 불쌍한 아이들을 조사한 한 연구였다. ADHD만큼이나 선천적 유전성 장애라고 간주해온 자폐증이 놀랍게도 시설에서 자라다가 양자로 보내진 아이들 사이에서 높은 빈도로 발생한다는 것이었다.*

자폐증의 유병률은 아동의 0.1% 정도로 경증까지 포함해도 1~2%다. 그런데 이 아이들에게서는 12%나 되었다. 더욱이 본래 자폐증은 남자아이들에게 압도적으로 많은데, 양육 때문에 발생한 것으로 보이는 자폐증에는 남녀 차가 없었다.

이 결과만으로도 전 세계 전문가들은 놀랐지만, 이번 연구에는 다음의 성과가 있었다. 몇 년 후 연구대상 아이들이 성인이 된 다음 재조사했을 때 자폐증은 큰 폭으로 개선되어 있었지만,** ADHD 발병률이 약 30%나 된 것이다.*** 주의력 결핍과 과잉행동 등의 문제가 양육 요인 때문에 발생했고, 심지어 어느 정도 시간이 지나고 뒤늦게 나타난다는 것이었다.

이러한 사실은 성인 ADHD에서 보이는 증상적 특징으로 아동 ADHD와 비교했을 때 맞아떨어지지 않는다.

본래 발달장애는 선천적 요인보다는 유전적 요인이 강하고

* Rutter et al., "Quasi-autistic patterns following severe early global privation. English and Romanian Adoptees (ERA) Study Team." J Child Psychol Psychiatry. 1999 May;40(4):537-49.

** Rutter et al., "Early adolescent outcomes of institutionally deprived and non-deprived adoptees. III. Quasi-autism." Child Psychol Psychiatry. 2007 Dec;48(12):1200-7.

*** Kennedy et al., "Early severe institutional deprivation is associated with a persistent variant of adult attention – deficit/hyperactivity disorder: clinical presentation, developmental continuities and life circumstances in the English and Romanian Adoptees study." J Child Psychol Psychiatry. 2016 Oct;57(10): 1113-25.

일찍 나타나며 남아에게 많고 신경장애도 심각하다는 특징이 있는 데 반해, 양육 요인 때문인 경우는 발현 시기가 비교적 늦고 남녀 차이가 없으며 신경장애는 비교적 가볍다. 이전부터 애착장애나 애착이 불안정하면 의존증이나 불안증, 기분 장애, 반항이나 비행, 반사회적 행동을 보이기 쉽다고 알려져 있다. 이들 합병증이나 행동문제는 성인 ADHD라고 부르는 증상과 비슷해 보이기도 한다.

이런 모호한 사실 때문에 성인 ADHD 중 일부를 성인 애착장애가 차지하고 있으며 비율이 상당히 높다는 점이 크게 주목받았다. 왜냐하면 ADHD와 같은 문제는 시설 아동뿐 아니라 일반 아동 사이에서도 비교적 높은 빈도로 나타나며 애착이 불안정한 경우에도 수반되기 때문이다. 무질서형 애착은 학대 등 양육이 부적절할 때 보이는 애착 타입인데, 무질서형이 나타나고 수년 후에 ADHD 증상이 나타난다는 것을 알았다.

런던의 세인트 조지 대학의 핀토 등의 연구*에 따르면, 한 살 시점에서 무질서형 애착을 보인 아이는 그렇지 않은 아이와 비교했을 때, 일곱 살에 교사가 평가한 ADHD 증상 점수가 통계

* Pinto et al., "ADHD and infant disorganized attachment: a prospective study of children next-born after stillbirth." J Atten Disord. 2006 Aug;10(1):83-91.

학적으로 유의미한 수준으로 높았다. 또한 스웨덴의 카롤린스카 연구소 내 연구팀이 최신 보고한 연구를 보면, 여덟 살에 무질서형 애착 경향이 있는 아이는 열여덟 살에 ADHD 증상을 보일 가능성이 컸다.**

신체적·심리적 학대는 애착 체계에 피해를 주며, 마치 건물을 지지하는 철강재에 생긴 균열처럼 천천히 한 사람의 인생을 무너뜨린다. 아동 ADHD보다 성인 ADHD가 오래간다는 사실은 애착에 더해진 만성적 피해가 유전자의 영향보다 더 오래 우리를 괴롭힌다는 것을 말해준다.

●● 환경 요인은
유전자조차도 바꾼다

현재 ADHD는 선천적 요인보다는 유전적 요인이 크다는 종래의 정설과 환경적 요인이 크다는 사실 사이에서 절충적으로

** Salari et al., "Neuropsychological Functioning and Attachment Representations in Early School Age as Predictors of ADHD Symptoms in Late Adolescence." Child Psychiatry Hum Dev. 2017 Jun;48(3):370-84.

사용하게 되었는데, 환경 요인이 유전 요인과 상호작용을 일으킨다고 설명한다.

지금까지 유전 요인에 의한 선천적인 성격이나 결함이라고 여겼던 부분들도 실은 양육 방법에 따라 후천적으로 생길 수도 있다는 것이 점점 분명해지고 있다. 자폐적이고 사람들과 어울리기를 즐기지 않는 성격도, 주의가 산만하며 침착하지 못한 특성도, 양육 요인에 따라 심해질 수도 있다는 것이다.

예를 들어 입양된 아이는 주의력이나 행동 제어와 같은 실행 기능이 떨어진다고 알려져 있다. 이러한 폐해를 예방하기 위해 최근에는 애착에 대한 심리교육을 강화해 애착이 안정되도록 노력하고 있으며, 일부 성과를 낳고 있다.*

이뿐 아니라 지능이나 병약한 부분도 타고난 소질 못지않게 양육 환경의 영향이 크다.

성인 ADHD에서 보이는 다양한 증상도 학대나 방임 등과 같은 부적절한 양육의 결과다. 폭력적 학대가 아니어도 심리적 학대나 방임으로 인해 안정감과 애정을 얻지 못한다는 기분이 들면서 애착이 불안정해져 있다면, 과잉행동과 주의력 결핍이 생

---

* Lind et al., "Enhancing executive functioning among toddlers in foster care with an attachment-based intervention." Dev Psychopathol. 2017 May;29(2):575-86.

긴다고 해도 이상할 게 없다. 왜냐하면 옥시토신에는 침착하게 만드는 작용이 있는데, 제대로 작용하지 않으면 과잉행동과 주의력 결핍을 나타낼 우려가 있기 때문이다.

또한 스트레스나 불안에서 자기 몸을 보호하는 옥시토신이 제대로 기능하지 않으면 스트레스와 불안을 잘 느끼게 된다. 이는 집중이나 처리능력에도 영향을 준다. 차분하지 못하고 눈치만 보고 있으면 이래저래 실수도 잦아지고, 중요한 때 집중을 흐트러뜨린다. 기분이 가라앉고 우울해도 같은 현상이 벌어진다. 실제 성인 ADHD에는 불안장애나 우울증이 함께 나타나는 경우가 많다.

스트레스나 불안을 자주 느끼면 이를 달래기 위해 알코올이나 약물에 많이 의존한다. 이것이 주의력을 비롯한 인지기능에 더욱 영향을 주어 주의가 산만해지고 실수와 혼란이 계속된다.

이 모두가 뒤섞여서 심신의 건강을 해치고 사고나 질병의 위험을 높이며 살아가는 데 고통을 더한다. 애착장애는 천천히 '죽음에 이르는 병'으로서의 폐해를 한 사람의 몸 안팎으로 스며들게 한다.

성인 ADHD에 대해 몰랐던 척하는 의료계

부적절한 양육으로 생긴 문제를 선천적인 장애이므로 약을 먹을 수밖에 없다고 설명하는 것은 괜찮은 것일까? 그래서 증상이 개선된다면 그나마 다행이다. 하지만 앞서 설명한 대로 약효가 있다고 해도 단기적이며, 장기적으로는 거의 효과가 없다.

성인 ADHD를 유전 요인이 강한 신경발달장애로 취급하는데 있어 이를 정당화하는 근거는 사실 매우 희박하다. 이는 진실을 호도할 뿐 아니라 진짜 해결을 방해할지도 모른다. 만일 성인 ADHD가 애착장애로 인해 생긴다면 다른 개선방법이 있기 때문이다.

애착장애로 인해 각성제에 중독된 소녀들을 많이 봤다. 비록 약효가 서서히 나타나며 의학적으로 관리를 받는다고 해도 성인 ADHD로 진단받은 사람들에게 각성제와 유사한 중추신경 자극제를 처방하는 건 정말 마음이 아프다.

만일 단기적으로 효과가 있다면 처방 약을 계속 먹고 의존하게 되며, 결국 장기적으로는 무기력해지고 예민해지지 않을까? 아무래도 이런 우려를 씻을 수가 없다.

그래서 필자는 중추신경자극제를 일절 처방하지 않기로 방침을 세웠다. 앞으로도 이 방침을 바꿀 생각은 없다.

다시 한 번 강조하지만, 성인 ADHD는 아동 ADHD와는 다르며 발달장애가 아니다.

● 마치 시한폭탄처럼 뒤늦게 켜지는 스위치

애착장애는 증상이 바로바로 나오는 게 아니다. 수년에서 십수 년 동안 서서히 나타나며 고통이 점점 심해지기 때문에 더욱 무섭다. 그 때문에 인과관계를 찾기도 힘들다.

다른 질병이 원인이 되거나 선천적인 특성을 탓하기도 한다. 어릴 적 심어진 비극의 씨앗은 마치 유전자처럼 그의 인생을 계속 망쳐놓지만, 그 영향과 피해는 시간이 흐를수록 커지므로 어디서부터 그렇게 돼버렸는지 보이지 않는 것이다.

아주 조금씩 궤도에서 벗어나기 때문에 1, 2년 사이에 눈에 띄지 않는다. 적어도 5년, 10년, 20년 정도의 시간이 흐르는 동안 그 차이가 명백히 드러난다.

정리하지 못한다면
발달장애보다 애착장애를 의심하라

'정리정돈을 못한다'라는 특징이 ADHD의 대명사처럼 사용되다 보니 '정리정돈을 못해서 방안이 어지러운' 사람은 모두 자기가 ADHD일지도 모른다고 여기게 되었다. 게다가 전문가까지 그럴싸하게 설명하니 언제부터인가 누구나 다 그렇게 믿게 되었다.

그러나 이는 본래의 전제부터 잘못됐다. 성인 ADHD는 대부분 ADHD가 아니다. 정리를 잘 못해도 대부분은 성인 ADHD가 아니라는 것이다. 특별히 ADHD가 아니더라도 정리하기가 힘든 일은 얼마든지 일어날 수 있다.

예를 들어 아이가 태어나기 전에는 완벽하게 정돈된 방에서 지내던 사람도, 아이가 태어나고 직장에 출근하게 되면 정리할 여유가 없어지게 된다. 그렇다고 그는 ADHD는 아니다. 그저 할 일이 늘었을 뿐이다.

하물며 우울증, 알코올 의존증이나 스마트폰 의존증이 있으면 매사에 무기력해져서 집안일도 쌓여간다. 또한 컨디션이 나쁘거나 만성적 통증이 있어도 정리정돈이 힘들다. 애착장애가 있는 사람은 우울증, 의존증, 컨디션 난조 등 다양한 증상을 겪는다. 이러한 여러 원인이 겹치는 경우도 많아 정리정돈을 힘들어할 수도 있다.

또한 애착이 불안정하면 정리정돈이라는 습관을 익히는 데 방해가 된다는 연구도 있다.* 불안정한 애착, 특히 회피형 애착이라면 정리하라는 부모의 말에 반항하며 말을 듣지 않는 경향이 많다.

어릴 적에 어머니와의 애착이 불안정했던 아이는 애착이 안정된 아이와 비교했을 때 스스로 노력해 규칙을 지키는 것도, 실행기능도 모두 뒤떨어지는 경향이 있다.** 정리정돈은 자율기능과 실행기능이 관여하므로 부모와의 애착이 불안정한 사람은 정리정돈이 취약할 수밖에 없다.

그중에는 불안정한 애착에 수반되는 불안을 제어해보려고 지나치게 결백한 동시에 빈틈없는 성격인 사람도 있어서 단순히 재단할 수 없지만, 무질서형처럼 불안정한 환경에서 학대받으며 자란 사람은 주변을 정리하는 것을 매우 힘들어하는 경우가

* Kok et al., "Attachment insecurity predicts child active resistance to parental requests in a compliance task." Child Care Health Dev. 2013 Mar;39(2):277-87.

** Nichols et al., "Scripted attachment representations and adaptive functioning during early childhood." Attach Hum Dev. 2019 Jun;21(3):289-306.

많다. 눈에 띄는 신경 기능 장애도 없는데 정리를 힘들어한다면, 애착이 안정된 대상에게 보호를 받으며 이들 기능을 키울 수 있는 기회가 부족했을 가능성이 크다.

이처럼 '정리를 잘하느냐 못하느냐'의 문제는 'ADHD이냐 아니냐'의 단순한 문제가 아니다. 예전에는 정리정돈을 잘하다가 못하게 되었다면 과로나 우울증이거나 혹은 너무 바빠서 그럴 수도 있다. 일이나 육아로 별다르게 분주하지도 않은데 정리정돈이 안 될 때, 기분이나 인간관계가 힘에 부치고 부모 자식 관계로 고민스럽다면 성인 ADHD보다도 성인 애착장애를 의심하는 편이 나을지도 모른다.

⬤⬤ 골칫덩어리 취급을 받는 애착장애

발달장애가 있는 사람은 발달장애인 지원법이 마련되어 다양하게 지원을 받고 있다. 그러나 학대나 방임 속에 자라거나, 양육자가 교체되거나 양육이 부적절해 애착장애가 생긴 사람은 아무런 법적 지원을 받지 못한다. 삶이 힘겹다는 면에서는 발달장애보다 심각할 수도 있고 사망위험이 큰데도 제대로 지원받지 못한다.

예를 들면 애착장애로 생기는 대표적인 장애인 경계성 인격장애가 있는 사람이 장애인 연금을 받으려고 정부기관에 신청하면 대개 기각된다. 인격장애는 성격의 문제지 장애가 아니라는 이유 때문이다.

그러나 경계성 인격장애 사망률은 10%에 이르며, 모든 진단기준을 만족하는 중증사례에서는 30%나 되는 사람이 자살로 사망한다. 그런데도 질병으로 제대로 인정받지 못하는 것이다. 우울증이나 발달장애와 비교해서 예후가 양호하기는커녕 치료하기도 매우 힘든데도 말이다.

이러한 제도적 차별이 지금도 버젓이 통하는 건, 애착장애로 생기는 문제를 성격을 탓하거나 게을러서라고 여기는 편견이 깔려 있어서다. 그런데 이러한 편견은 일반 시민이 아니라 오히려 의사들이 갖고 있다.

의사들은 손목을 긋거나 자살한다고 위협하는 유형의 환자에게 지겹도록 휘둘리며, 몹시 애를 태우고, 하기 싫은 경험도 해야 했다. 기분과 태도가 시시때때로 변하고 꾸준히 치료받지 않는 환자에게 진저리치고 화내며 때론 "더는 오지마라"라는 극단적인 말도 했다. '착한' 환자가 아닌 이런 유형의 환자를 제대로 된 환자가 아니라고 낙인찍고 구제 제도에서도 배제하며 복수 해온 것이다.

그런데 이러한 특성이야말로 애착장애 때문에 생겨난 것이다. 그들이 부모로부터 사랑받지 못하고 문제아 취급을 받는 중에 몸에 배었는지도 모른다. 어쩌면 그들이야말로 제일 도움이 필요한데, 병원에서조차도 그들을 골칫덩어리 취급하며 진심으로 도우려고 하지 않는다.

●● '애착장애인 지원법'의 필요성

발달장애인 지원법이 있다면, 애착장애인 지원법이 있어도 될 법하다. 실제로는 애착장애 환자를 발달장애로 진단하는 게 현실이다. 사실 증상만 보면 두 장애를 구분하기 힘든 경우도 많다. 그 틈을 비집고 들어가면 발달장애인으로 지원받을 수 있기 때문이다.

우선 경계성 인격장애처럼 애착장애로 인한 장애를 가볍게

다루는 현실부터 바로잡아야 할 것이다. '경계성'이라는 이름이 나타내듯이, 절반만 질병이라거나 의심스러운 상태로 취급하는 태도부터 개선해야 한다.

장애의 정도를 그가 안고 있는 고통으로 측정할 수만 있다면, 애착장애는 절대 가볍지 않다. 조금이라도 그들을 치료해본 전문가라면 오히려 더 큰 고통 속에 있다는 걸 결코 모를 리 없다. 이는 '죽음에 이르는 병'이 되어 한 사람의 인생에 더욱 심각하고 지속적인 영향을 미친다.

의학의 진보로 암이나 치매조차도 치료가 가능해진 오늘날, 정말 치료가 곤란한 병을 꼽으라면 오히려 이쪽이다. 치료할 방법이 없어서라기보다 질병으로조차 인식되지 않고 문전박대 당해온 결과이며, 아무도 본격적으로 치료에 매달린 적이 없기 때문이다. 그러나 최종적으로 인류의 앞을 가로막을 질병이자 우리를 불행하게 만드는 진짜 원인이 애착장애라는 게 널리 인식되면 상황은 크게 바뀔 것이다.

동시에 애착장애는 의학이 제공하는 치료로 극복할 만한 병이 아니다. 옥시토신을 투여하면 개선되는 그런 병도 아니다.

물론 미래에 한층 진화된 옥시토신 계열의 약물이 나올 수도 있다. 하지만 이로써 정말 애착장애가 극복되리라고는 생각하지 않는다.

이러한 방법은 고통을 제거해줄지 모르지만, 스스로 고통을 마주하고 타인과 어울리며 극복하는 인간적으로 행동할 기회를 빼앗는 게 된다. 이러한 고뇌를 창조적인 에너지로 바꾸어 같은 고통을 겪는 사람을 구제하는 활동으로 승화시킬 기회를 뺏는 것이다.

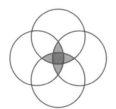

애착장애의 극복은 재활훈련과 비슷하다. 어떤 형태로든 의지할 것이 필요하고, 다른 사람과의 관계 속에서만 극복할 수 있다. 또한 애착이 안정되려면 안전기지가 될 존재가 반드시 있어야 한다. 안전기지란 안심하고 의지할 수 있는 피난처이자, 쓰러질 것 같을 때 곧바로 손을 내밀고 안아줄 수 있는 존재다. 마지막 7장에서는 애착장애 극복 방법과 현대 사회에서 애착장애 회복의 필요성에 대해 자세히 설명한다.

7장

애착장애를 딛고
회복에
이르는 길

조금씩 열리기 시작한 회복의 새로운 길

최근 수년 사이에 우리 사회에 퍼지고 있는 '현대의 기이한 병'이라고 부를 만한 상황과 고통스러운 삶의 기저에 애착장애가 있다는 것을 알게 됐다. 이제 애착장애의 병리 메커니즘이 밝혀졌으므로 머지않아 근본적인 해결책을 찾을 수 있을 것이다.

즉 근본적인 메커니즘을 알았으므로 지금까지 의학적으로 치료가 어려웠던 다양한 상태의 회복과 예방이 가능해질 것이다. 그러면 '죽음에 이르는 병'도 더는 극복하지 못할 병이 아니다.

하지만 그 길은 아직은 먼 길이다. 종래의 의학적 진단에 의문을 갖고 해결책을 찾기 위해 노력하는 의료진들과 새로운 시도를 통해 회복중인 사람들이 늘고 있다. 이것은 결국 시대를 움직이는 큰 조류가 될 것이다.

7장에서는 애착장애의 회복과 예방을 위해 무엇이 필요한지 생각해봄으로써, 애착장애에 도전하고 극복하려는 최근의 도전에 대해 소개해본다.

◖◗ 의사가 포기했던 환자: 자연회복 사례에서 본 소중한 힌트

아무리 의학적으로 치료해도 전혀 차도가 없고 점점 상태만 심해져서 치료를 포기한 환자가 있었다. 그런데 얼마 지나지 않아 우연히 마주쳤는데 완전히 다른 사람처럼 안정돼 보였다.

경계성 인격장애, 섭식장애, 의존증, 비행 등의 사례에서 이런 경우가 의외로 많았다. 도대체 무슨 일이 생겼는지 사정을 물어보면, 대개 세 가지 경우로 나뉜다.

하나는 부모(혹은 부모를 대신하는 존재)가 필사적으로 개입하면서 부모가 완전히 바뀌자 자기도 바뀐 사례다. 또 하나는 집을 떠나 다른 곳에서 신뢰할 만한 사람을 만나 안정된 사례다.

마지막으로 본인이 진짜 밑바닥까지 경험하고 나서야 단념했다는 사례다.

앞의 두 사례는 안전기지를 확보해서 애착이 안정되자 애착 관련 증후군도 안정되었다는 점이다. 그리고 마지막 사례는 사람에게 기대하지 않고 자기가 변하려고 했다는 점이 중요한 포인트이다.

이런 사례에는 회복에 대한 소중한 힌트가 숨어 있다.

지금도 여전히 많은 의학도는 의사가 처방하는 약보다 부모와의 관계와 애정이 훨씬 더 효과적이라는 것에 반발하며 비과학적이라고 여길 것이다.

● 치료보다 회복의 열쇠를 쥐고 있는 것: 문제의 본질에 다가서다

섭식장애는 치료가 어려운 정신질환 중 하나다. 만성이 되면 건강을 해치고 때로는 목숨까지 앗아간다. 섭식장애와 관련해 장기적인 예후를 조사한 몇몇 연구가 최근에 보고되며 실태가 밝혀졌다.

예를 들면 거식증 예후를 조사한 연구에 따르면, 치료 여부와 관계없이 일반집단을 대상으로 조사한 결과, 10년 뒤에는 대상자 중 88%가 BMI 정상범위(18.5 이상)까지 회복되었다.* 반면에 치료를 받던 사례를 대상으로 조사한 연구에서는, 9년 뒤 회복자의 비율이 31.4%, 22년 뒤에는 62.8%였다.** 치료를 받은 집단은 대개 중증이었을 것이므로 두 집단이 비교 대상은 못 되더라도, 적어도 의학적 치료가 개입되어 예후를 개선했다고는 보기 힘든 결과였다.

의학적 치료는 단기적인 개입일 때 어느 정도 효과가 있다고 알려져 있는데, '장기적으로 봤을 때 과연 유의미하냐'는 의구심을 불러일으키고 있다.

이에 반해 모성적 관여가 증가하면 장기적으로도 효과가 긍정적이라는 점은 인정하고 있다.*** 실제로 투약이나 인지행동요법과 같은 의학적 치료 없이 환자 본인과도 만나지 않고 모친에게 환자와 관여하는 방법을 개선했는데 극적인 회복을 이뤄

* Mustelin et al., "Long-term outcome in anorexia nervosa in the community." Int J Eat Disord. 2015 Nov;48(7):851-9.

** Eddy et al., "Recovery From Anorexia Nervosa and Bulimia Nervosa at 22-Year Follow-Up." J Clin Psychiatry. 2017 Feb;78(2):184-9.

*** Fichter et al., "Long-term outcome of anorexia nervosa: Results from a large clinical longitudinal study." Int J Eat Disord. 2017 Sep;50(9):1018-30.

낸 사례도 있다. 이러한 경험을 바탕으로 최근에는 의학적 치료는 최소한으로 줄이고 어머니를 지원하는 접근방법에 주력하고 있다.

의료기관에서 30% 개선하는 데 10년 가까이 걸렸는데, 1~2년 만에 완전히 좋아진다는 것은 의사로서도 의학적으로도 불편한 사실일지도 모르겠다. 어쩌면 의학적으로 치료하려는 것 자체에 근본적인 인식의 오류가 있는지도 모르겠다.

섭식장애라는 병명은 그 사람의 증상을 그 사람의 병으로 진단한 것이다. 이는 의학 모델을 바탕으로 내린 진단이다.

그러나 원인이 부모와의 관계, 더 자세히 말하면 부모가 자기도 모르게 저지른 심리적 학대로 인한 애착 시스템의 이상으로 발생한 결과라면, 증상이 있는 사람만을 진단한다는 건 그림자를 마치 실체인 양 취급해 오진을 범할 수 있다. 그림자를 병이라고 진단하고 치료한들 노력만 헛될 뿐이다.

필자는 이러한 상황을 의학 모델이 아니라 애착 모델로 보라고 주장하고 있다. 애착 모델로 봤을 때 비로소 그림자가 아닌 문제의 본체에 다가갈 수 있다.

부모가 안전기지로서 기능하지 않고 애착 시스템이 제대로 작동하지 않으면 시상하부와 섭식 행동에 이상이 일어난다. 애착 모델로 보자면, 본인의 병부터 치료할 게 아니라 어머니가 안전기지가 되도록 지원하는 것이 먼저다.

●● 우울병의 예후를 좌우하는 애착 스타일

우울증은 반복되기 쉬우며, 악화의 정도는 애착 스타일에 영향을 많이 받는다.

암스테르담 대학의 연구자들은 기분이 우울해 의료기관을 찾은 환자의 애착 스타일을 조사한 후 7년간 경과를 좇았다. 놀랍게도 우울증 증상 없이 지내는 기간은 안정형이 5.0년인 데 반해, 양가형(불안형에 해당)은 1.1년, 애착경시형(회피형)은 2.2년, 공포 회피형은 0.3년이었다.[*]

애착 스타일이란 결국 부모와의 관계를 말한다. 애착 스타일 검사에서는 '부모와의 관계가 안정적인가, 거리가 있는가, 과도하게 요청하거나 분노한 적이 있는가'를 판단한다.

---

[*] Conradi et al., "Adult attachment predicts the seven-year course of recurrent depression in primary care." J Affect Disord. 2018 Jan 1;225:160-6.

이처럼 애착 스타일이 예후를 크게 좌우한다면, 단지 '우울증'이라고 똑같이 진단하고 똑같은 방식으로 치료해서는 애착이 불안정한 경우 회복 가능성은 낮을 것이다. 오히려 애착을 안정화하려는 시도가 운명을 쥐고 있을지 모른다.

의학 모델에 기초한 치료는 운 좋게 애착이 안정된 사람이라면 어느 정도 기대할 수 있어도, 애착이 불안정한 사람에게는 효과가 매우 낮을 수도 있다. 무엇보다 애착을 어떻게든 하지 않으면 회복은 바라기 힘들다.

●● 아이의 문제를 진정시키는 것도, 악화시키는 것도

앞 장에서 성인 ADHD 대부분에 애착장애가 숨어있다고 지적했다. 그렇다면 아동 ADHD는 어떨까?

아동 ADHD 중 일부는 더욱 심해져서 적대적 반항장애(Oppositional Defiant Disorder, ODD)나 품행장애(Conduct Disorder, CD; 비행을 반복하는 상태)로 발전한다고 알려져 있다. 반면에 저학년 때 ADHD 증상을 보이는 아동의 절반은 치료하든 안 하든 열 살이 되면 급속히 안정된다.*

　실제로 미국에서 실시된 대규모 장기연구에 따르면, 아동 ADHD는 약물요법을 시행하든 안 하든 6년 후, 8년 후에 보인 개선에 차이가 거의 없었다.**

　약물요법을 실시했다면 단기적으로는 현저하게 개선되지만, 요요현상이 생기는 사례도 많아서 시간이 지나면 약물요법은 우위성을 잃는다. 결국 증상을 개선하는 데 가장 연관이 있는 건 시간이었다. 나이와 함께 안정되는 효과가 치료에 의한 효과보다 컸다.

　경과에 따라 '① 계속 좋아지는 그룹, ② 일단 좋아졌다가 나빠지는 그룹, ③ 계속 나빠지는 그룹'으로 나누었다. 가장 좋은 경과를 보인 ①번 그룹은 다른 그룹과 비교해서 치료를 개시한 단계에서 장애와 행동문제가 가볍고, 부모님이 이혼하지 않았으며, 경제적으로 유복하다는 경향을 보였다.

　이혼 등 부부 사이의 문제는 애착을 불안정하게 만들고, 불안

---

* Riglin et al., "Association of Genetic Risk Variants With Attention-Deficit/Hyperactivity Disorder Trajectories in the General Population." JAMA Psychiatry. 2016 Dec 1;73(12):1285-92.

** Molina et al., "The MTA at 8 years: prospective follow-up of children treated for combined-type ADHD in a multisite study." J Am Acad Child Adolesc Psychiatry. 2009 May;48(5):484-500.

정한 애착은 문제 행동의 위험을 높인다. 이러한 결과는, 가정환경과 애착의 안정성이 치료보다도 장기적인 예후에 중요하다는 것을 의미한다.

실제로 열 살이 되었는데도 증상이 남아 있다면, 순수한 ADHD라기보다 적대적 반항장애나 품행장애가 동반됐을 비율이 높다. 더욱이 열네 살을 기점으로 같은 ADHD 증상이라도 유전 요인의 관여는 줄어드는 대신, 환경 요인의 관여가 큰 폭으로 증가한다.* 또한 사춘기 이후에는 항ADHD 약물 효과를 얻기 힘들다.

이는 대개 열 살부터 열두 살까지 안정되는 사례와 열두 살이 되어서도 증상이 계속되다가 열네 살을 전후로 거꾸로 악화하는 사례는 의학적으로 봐도 특성이 다르다는 걸 보여준다.

반항이나 비행은 애착장애와 관계가 깊고, 애착이 불안정하면 위험성이 매우 커진다. 열 살부터 열두 살 이후 문제가 커지는 경우 불안정한 애착과 연관이 깊고, 가정환경과 같은 환경적 요인의 영향이 크다고 하겠다.

---

* Peng et al., "Familial influences on the full range of variability in attention and activity levels during adolescence: A longitudinal twin study." Dev Psychopathol. 2016 May;28(2):517-26.

애착이 안정되어 있으면, 어릴 적 과잉행동과 주의력 결핍과 같은 모습을 보였어도 초등학교 4학년 즈음부터 급속히 안정된다. 그러나 애착이 불안정하다면, 증상이 잦아들기는커녕 거꾸로 반항이나 문제 행동이 심각해진다.

그렇다면 항ADHD약을 처방하는 약물요법보다도 애착을 안정시키는 게 아이의 미래를 위하는 길이 아닐까. 소년원에서 비행소년 임상에 20년간 참여해온 경험에서 보자면, 반항이나 비행의 개선에 가장 효과적인 방법은 부모와의 관계 변화였다. 왜냐하면 반항이나 비행의 가장 큰 원인은 아이가 자각했든 안 했든 상관없이 어떠한 형태로든 학대 상황에 놓였었기 때문이다.

●● ADHD를 진단받은 아이에게 쉽게 약을 쓰지 말기를

어떤 형태이든 학대적 상황, 바꿔 말하면 부적절한 양육은 ADHD를 악화시켜 반항이나 파괴적 행동을 심화할 뿐이다. 최근에는 학대로 애착이 불안정해지면 수년 후 ADHD의 발생 위험을 높인다는 것도 알려졌다. 따라서 ADHD를 악화시키지 않고 개선하려면 부모와의 면담을 통해 아동에 대한 부모의 관여 방법을 바꿔야 한다.

ADHD를 진단받은 아이가 있는 부모는 올바르게 가르치려고 아이에게 이것저것 지적하기 일쑤다. 그러면 애착은 점점 불안 정해지고, 행동이 개선되기는커녕 점점 더 심해진다. 올바르게 지도해야만 한다는 생각에 사로잡힌 교사 역시 ADHD를 악화 시키기 쉽다.

그래서 어떻게 관여하면 좋을지 조언한다. 혼내는 횟수가 줄고 부모나 교사와의 관계가 조금씩 나아지면서 상태가 크게 호 전된 사례가 많다.

실제로 "ADHD인 것 같다"는 말을 듣고, 필자가 있는 병원에 찾아온 사례 중 대부분은 약을 투여하기 전에 안정된다. 처음에는 약을 처방해달라고 해도 "안정되었으므로 잠시 상황을 보겠습니다"라고 한다. 부모와 교사의 대응이 바뀌고, 부모와 교사와의 사이가 안정되면 아이의 ADHD 증상도 완화된다.

유전적 요인이 70%를 넘는다는 선천적 신경발달장애도 환경이 변하면서 의외로 상태가 바뀌기도 한다. 담임교사가 바뀌고 본인을 잘 받아주면 마치 다른 사람처럼 호전되는 예도 있다. 반대로 단점만을 지적하는 유형의 교사를 만나면 손 쓸 틈도 없이 반항이 심해지기도 한다.

미숙아(임신한 지 37주 미만에 태어난 아기-옮긴이)와 과숙아(출산 예정일보다 2주 이상 늦게 태어난 아이, 대개 태반기능이 불안정할 때 이러함-옮긴이) 중에서 ADHD를 진단받고 약을 처방받은 비율을 살펴보니, 두 배나 차이가 난다는 특이한 현상은 환경이 ADHD에 얼마나 큰 영향을 미치는가를 잘 나타낸다. 겨우 며칠, 몇 주 일찍 태어나서 한 살 먼저 학교에 갔다는 이유로 과잉행동과 주의력 결핍으로 인한 행동이 눈에 띄어 장애로 취급받을 위험성이 두 배가 되는 것이다.*, **

이는 ADHD 증상에 연령적 요인이 매우 크다는 점을 시사한다. 이런 상태를 선천적 신경발달장애라고 부르며 약물요법까지 실시한다면 의학의 남용은 아닐까? 그중 일부는 학대받은 아이도 있는데, 아이가 보내는 무언의 SOS나 항의가 아이의 증상이라면 문제 행동만을 약물로 제거하는 건 비명을 지르는 아이의 입을 막는 것이고, 학대에 가담하는 게 아니고 무엇이겠는가.

그런데도 약물요법을 선호하는 것은 다른 아이를 방해한다는

---

* Morrow et al., "Influence of relative age on diagnosis and treatment of attention-deficit/hyperactivity disorder in children." CMAJ. 2012 Apr 17; 184(7):755-62.

** Zoëga et al., "Age, academic performance, and stimulant prescribing for ADHD: a nationwide cohort study." Pediatrics. 2012 Dec;130(6):1012-8.

교사의 쓴소리 때문에 부모는 빨리 뭐라도 하려고 나서고, 의사 역시 부모가 울며 매달리면 우선 무슨 수라도 써봐야겠다며 조급해지기 마련이다. 이런 아이가 있는 부모 처지가 되면 정말 미안한 마음에 당황스러워진다. 이런 상황을 재빨리 개선하는 방법이 있다고 하면 약물을 쓰고 싶은 심정도 당연하다.

그러나 문제는 이 방법이 진짜 개선이 아니라는 점이다. 되레 진짜 개선의 기회를 앗아갈지도 모른다.

더욱이 약물요법에는 부작용이 따르기 마련이다. 대개 성장에 영향을 끼친다고 하는데, 우려스런 결과를 보고하고 있다. 약물요법을 선택한 그룹은 행동요법을 선택한 그룹과 비교했을 때 우울증이나 불안 증상이 네 배나 더 높았다.[*]

장기적으로 사용했을 때는 일부 환자에게서는 각성제를 만성적으로 사용했을 때와 유사하게 무기력과 우울, 불안과 같은 증상이 자주 보였다. 이는 한 아이의 인생에 또 하나의 십자가를 지게 하는 건 아닐까.

물론 약이 필요할 때도 있다. 그러나 하루 진찰하고 그날 약

---

[*] Molina et al., "The MTA at 8 years: prospective follow-up of children treated for combined-type ADHD in a multisite study." J Am Acad Child Adolesc Psychiatry. 2009 May;48(5):484-500.

을 처방하는 게 당연한 오늘날의 상황에는 의구심이 든다. 다는 아니더라도 일부는 본인의 상태를 이해하고 주변 대응을 바꾸는 노력을 통해 개선되기 때문이다.

3개월 혹은 반년도 좋다. 처음부터 약을 쓰지 말고 노력해보길 바란다. 적어도 몇몇은 부모의 대처 방법만 바꿔도 상태가 크게 호전될 것이다.

●● 불안정한 애착을 개선하다

ADHD나 반항, 과식과 구토, 자해와 같은 행동상 문제든, 혹은 만성 우울함이나 불안과 같은 정신적 문제든, 원인이 대개 불안정한 애착에 기인하는 경우에는 증상을 보이는 아동(성인도 있다)을 환자로 보고 의학적으로 진단하고 약을 처방해봐야 근본적인 개선으로 이어지지 않는다.

진짜 원인은 그 아이(이미 성인이 되었을지도 모른다)가 아니라 부모인 것이다.

하지만 부모는 자기한테 문제가 있다는 것조차 모른다. 그래서 부모에 대한 처치가 꼭 필요하다. 치료는 아동보다도 부모가 안고 있는 과제를 중심으로 이뤄져야 한다. 왜냐하면 그 과제가 불안정한 애착으로 발생했다면, 부모 행동의 개선이 아동이 안고 있는 문제를 급격하게 안정시킬 수 있기 때문이다. 이는 아이가 어릴수록 효과가 크다.

성인이 될수록 계속 애착이 불안정하다면 역시 해결의 열쇠는 부모와의 관계에 있다. 부모와의 관계에서 배우자나 자식과의 관계로 옮겨간 사례도 많은데, 시작을 거슬러 가보면 부모와 사이가 어땠는지 모습을 드러낸다.

아이에게 애착이 불안정해 문제를 일으키는 부모에게도 몇몇 유형이 있다. 크게 세 가지 유형으로 나눌 수 있다.

첫 번째는 부모 자신이 우울함이나 감정의 기복이 크고 애착이 불안정한 경우다.

두 번째는 아이를 그다지 좋아하지 않고 짐처럼 느끼는 유형이다. 아이를 자기의 자유를 빼앗는 존재로 여기거나 이물질처럼 느낀다. 육아도 썩 반기지 않는다. 아이 때문에 자기 가능성이 방해받았다고 생각한다. 애착이 희박하고 자기애가 강한 유형이다.

세 번째는 일견 애착이 안정돼 보이는 인상으로 매우 헌신적이고 훌륭한 부모처럼 보이는 유형이다. 매우 성실하고 이래야만 한다는 의무감과 이상적인 모습에 사로잡혀 있어서 아이를 있는 그대로 받아들이지 못한다.

앞의 두 유형은 심각한 문제를 일으키기 쉽지만, 세 번째 유형도 절대 낙관적이지 않다. 겉보기엔 전자와 후자가 대조적으로 보이지만, 아동에게 안전기지가 되지 않는다는 점에서는 공통된 과제를 안고 있다.

이 역시 알아차리기 쉽지 않지만, 앞의 두 유형뿐 아니라 세 번째 유형도 부모가 애착이라는 과제를 안고 있는 경우가 많다. 첫 번째 유형에는 부모로부터 학대받으며 자란 사람이 많다. 두 번째 유형은 냉담한 어머니에게서 자란 사람이 많다. 세 번째 유형은 겉으로는 애지중지하는 것처럼 보이지만, 사실 있는 그대로 사랑받지 못하고 부모의 기대를 일방적으로 강요받으며 자란 사람이 많다. '착한 아이' '우등생'처럼 행동하며 인정받은 사람들이다.

'학대, 방임, 심리적 지배'는 각각 차이가 있어도 조건 없는 애정을 받지 못했다는 점은 똑같다. 근본적인 안정감이나 상대에 대한 공감 능력을 키우지 못한 것이다. 비로소 자기가 육아하는 상황에 닥쳤을 때 그 과제가 드러난다.

모든 유형의 부모가 문제가 있고, 도움이 필요하다. 무슨 일이 벌어지고 있는지, 자기가 뭘 어떻게 해야 하는지 모르는 채, 자기의 '상식'이 통하지 않는 아이를 보며 애를 태우고 마구 화를 내며 한탄하고 끊임없이 질타한다.

이러한 상황에서 벗어나려면 부모가 먼저 고통을 받아들여야만 한다. 그리고 무슨 일이 일어나고 있는지 인식하고, 무엇을 해야 하는지 알게 되면 점차 여유가 생긴다. 부모가 안정되고 미소를 되찾으면 아이도 안심하고, 생기를 되찾는다.

그저 대응법만 가르쳐줘서는 진정한 변화로 이어지지 않는다. 가르쳐준 대로 대응해도 어차피 임시방편일 뿐, 시간이 흐르면 원래대로 되돌아가거나 상황이 바뀌면 나쁜 버릇이 나오기도 한다. 그가 안고 있는 애착 스타일과 여기에 수반하는 사고방식, 소통능력과 행동양식은 하루아침에 바뀌지 않는다.

아이도 처음에는 부모의 변화에 감격하지만 머지않아 본성이 바뀌지 않았다는 것을 알면 낙담한다. 하지만 이제부터가 진짜 승부다. 결국 부모가 자기에게 부여된 과제에 얼마나 진심으로 마주할 수 있는지가 관건이다.

시작을 거슬러 가보면 사실 부모들도 몇 년 전에는 아이였다. 이들의 과제는 자기 부모가 해결하지 못한 채로 남긴 것이다.

부모가 남긴 과제에 부모가 된 지금 마주하려는 것이다.

아이가 어른이 되어 애착이라는 과제에 마주할 때도 마찬가지다. 부모가 극복하려고 함께 노력한 사람은 행운아다. 하지만 행운아가 아니더라도 애착장애를 극복할 길은 있다.

●● 애착장애를 극복하려면 어떻게 해야 할까?

그렇다면 애착장애는 어떻게 극복해야 할까?

역사적으로는 종교가 애착장애를 많이 구원해주었다. 그러나 이제는 의학과 심리학이 애착장애로부터의 회복을 위해 다양한 경험치를 쌓고 있다. 그리고 어떤 방법이 더욱 효과적인지 조금씩 알게 됐다.

애착장애의 극복은 재활훈련과 비슷하다. 근력이 부족하거나 육체적으로 균형이 맞지 않아서 자기 힘으로 걷지 못하는 사람이 걷거나 뛰고 등산하게 되는 과정과 똑같다.

여기에는 크게 세 가지가 필요하다.

하나는 어떤 형태로든 의지할 것이 필요하다. 걸을 때 잡아야 하는 손잡이나 보행기, 유사시에 믿고 의지할 훈련사의 손이나 격려의 말이다. 고독한 수행이 아닌 트레이너나 치료사가 함께 하는 재활훈련이라는 공동작업이 가장 효율적이다.

애착장애는 사람과 사람의 사이에서 일어나는 장애이므로, 사람과의 관계 속에만 극복할 수 있다. 근본적인 원인은 안전기지의 부재다. 안전기지가 되는 존재와의 관계가 반드시 있어야 한다.

그러나 그것만으로는 부족하다. 동시에 스스로 일어서서 고통을 버텨내고 걸을 수 있게 만드는 기력과 인내심이 필요하다. 이것이 없으면 자립하기 힘들다.

다만 첫 상담에서부터 스스로 일어서라고 하는 건 그야말로 억지다. 그들은 더는 자신감도 없고, 자기 발로 자기를 지탱할 수 있을 거로 생각하지 않기 때문이다. 큰 소리로 응원해줘도 터무니없는 소리나 하고 있다고 여길 것이다. 우선은 안전기지가 되는 사람과의 사이에서 본인의 마음을 존중받는 게 중요하다.

마지막으로 제일 중요한 게 남았다. 작은 단계를 쌓으며 한 걸음 한 걸음 나아가는 것이다. 재활훈련을 통해 이제 막 일어선 사람이 갑자기 뛰기를 목표로 삼거나 무거운 바벨을 들려고 하면 다칠 수도 있고, 자칫 좌절할 수도 있다.

애착장애의 회복도 마찬가지다. 자기가 노력해서 가능한 수준까지 연습을 거듭하는 게 중요하다. 갑자기 어려운 것을 기대했다가 안 된다고 절망하며 의욕을 잃곤 하는데, 가장 일반적이고 안타까운 유형이다. 재활훈련에 지름길은 없다.

물론 몇몇 코스를 순서대로 해내면 조금씩 나아진다는 것은 알고 있고, 조금 더 효율적으로 실시하는 방법도 있다. 하지만 갑자기 수준 높은 과제를 찾거나, 안 된다고 한탄한다고 해서 변하는 건 없다.

통상적인 치료과정에서 이렇게 단계를 밟아가기란 쉽지 않다. 애착장애라는 과제를 극복하려면 한 계단씩 훈련을 거듭해가는 수밖에 없다.

●● 지속해서 안전기지가 된다는 것

애착이 안정되려면 안전기지가 될 존재가 반드시 있어야 한다. 즉 지속해서 안전기지가 되어주었을 때 애착은 점차 안정되는 것이다.

안전기지란 안심하고 의지할 수 있는 피난처이자, 쓰러질 것 같을 때 곧바로 손 내밀어 안아줄 존재다. 트레이너와 같은 역할로 도우려는 쪽은 항상 안전기지가 되어주어야 한다. 열심히 돕는가 싶더니, 마음에 들지 않는 일이 생겼다고 귀찮아한다면 안전기지라 할 수 없다.

또한 안전기지가 되려는 사람은 자기 자신에게 주어진 애착의 문제를 어느 정도 극복해야 한다. 좋고 싫음, 기분에 따라 태도가 바뀌어서는 안전기지라고 할 수 없다.

안전기지가 되는 존재는 일관되게 응원해줘야 할 뿐 아니라 모범을 보여야 한다. 그래야 의지하려는 사람도 스스로 안전기지가 되는 법을 배울 수 있다. 사람은 어떤 일이든 직접 경험해야 더 잘 배우는 법이다.

반대로 애착이 불안정한 사람은 안전기지라는 피난처뿐 아니라, 모범이 될 만한 존재가 없어서 제대로 된 방법을 배우지 못한 것이다.

경계성 인격장애, 섭식장애, 의존증, 만성 우울증 등으로 고통받는 사람의 부모들에게는 안전기지가 될 능력이 부족하다는 공통점이 있다. 부모는 아이의 안전기지가 되는 것이 아이의 회복에 중요하다는 것을 머리로는 알아도 실제 행동으로 옮기지 못한다.

안전기지가 되어준다는 걸, 아이가 말하는 대로 하는 거라고 오해하거나, 아이에게 아무 말도 하지 않고 내버려두는 거라고 착각하는 사람도 있다.

안전기지가 된다는 건 아이의 안전을 위협하지 않는 게 첫 번째이지만, 그것만은 아니다. 적절한 보살핌, 적절한 거리 유지 역시 필요하다. 내버려 둔다는 건 그저 방임일 뿐이며, 말대로 한다는 건 본래 의미로 보면 그를 지키고 소중히 여기는 게 아니다. 안전기지란 어디까지나 최종적으로 아이를 자립시키기 위한 체계이지, 아이가 할 수 있는 것을 대신해줘서 나약하게 만들려는 게 아니다.

물론 아이가 진짜 힘들어서 도움이 필요할 때는 아이가 필요로 하는 것을 주고 의지가 되어주어야 한다. 즉 때나 상황에 따라 도움을 주는 방법은 다르다. 이것이 '적당함'이란 말에 들어 있는 뜻이다.

지나치게 획일적인 규칙에 사로잡혀서 극단적으로 대응하려는 사람은 안전기지가 될 수 없다. 이러한 '적당함'이 잘 이뤄지려면 응답성과 공감성이 관건이다.

아이가 찾으면
대답하는 것이 기본

　응답성이란 상대가 찾거나 반응하는 것을 보고 이쪽도 반응하는 것을 말한다. 아이가 곤란에 처해서 도움을 구하고 있을 때는 도움의 손길을 내밀려고 애쓴다. 그러나 아무것도 찾지 않을 때는 괜스레 참견하지 않는다. 자기 규칙이나 기분에 따를 게 아니라, 아이가 뭘 원하는지를 잘 보고 필요에 따라 응답해야 한다.

　즉 아이의 주체성을 존중하자는 것이다. 아이의 주체성을 존중하면서 유사시에는 보호해주면 아이에게는 이중의 안심감이 생기게 된다.

　예를 들어 수유기처럼 부모에게 전부를 의탁해야 하는 상태에서는 아이가 도움을 요청하면 재빨리 알아차리고 바로바로 응답해야 한다. 다만 언제나 즉석에서 곧바로 응답하는 것도 해가 될 때가 있다. 때로는 잠시 기다리게 하거나, 본인의 의지에 반하는 일이 조금은 있어도 괜찮다.

　너무 완벽하게 응답하는 과잉보호식 양육은 아이의 자율능력을 키우는 데 오히려 방해가 된다. 물론 원칙은 '찾으면 바로 대응하기'지만, 현실에서는 늘 그렇게 할 수는 없으므로 이 정도가 알맞다.

물론 찾아도 응답하지 않고 내버려두거나 도움을 주기는커녕 거꾸로 위해를 가하는 양육방식은 반드시 피해야 한다. 아무리 울어도 아무도 상대해주지 않는다거나, 울며 도움을 청하고 있는데 때리거나 화를 내면 타인에 대한 신뢰감이 안 생길 뿐 아니라, 자신이 보호받고 있다는 기본적 안정감마저 느끼기도 어렵다. 아이에게 세상은 언제나 차갑고 무관심하며, 도움을 요청해도 아무도 대답해주지 않을 뿐 아니라 가장 약할 때 공격해오는 무자비한 곳으로 인식하게 된다.

아이가 자라면 안전기지의 역할은 소극적이어야 한다. 위험이 닥쳐올 때 외에는 아이가 찾지도 않는데 말참견을 하거나 간섭하지 않으며, 아이의 주체성을 존중해야 한다.

다만 아이가 힘들다고 도움을 요청해올 때나 관심이나 칭찬을 바랄 때는 응답성 수준을 높여서 아이의 안정감으로 보호하고 관심과 기쁨을 공유해야 한다. 그러면 아이의 안정감과 자신감, 타인에 대한 신뢰감이 높아진다.

불안정한 애착으로 관련 장애를 일으켜 생활에 지장이 발생하는 경우는 어떨까? 어려움의 정도나 약해진 상태에 따라 응답성을 높여가야 한다. 안정감을 충분히 되찾으려면 응답성이 신속해야 하며, 몇 년 때론 십 년 이상 유지해야 할 정도로 눈물겨운 노력이 필요하다.

수유기라면 1년 정도에 마무리될 관계가 성인이 되면 부족분을 메우기 위해 몇 배나 되는 시간이 필요하다. 그 시간 동안 적당함을 유지하며 헌신적으로 관여하되, 아이의 주체성을 침해하지 않도록 바라지 않는 일은 하지 말아야 한다. 회복과 함께 아이가 본래 할 일까지 대신 해주지 않도록 주의해야 한다.

●● 안전기지의 질을 좌우하는 공감성

응답성에서 더욱 진화한 것이 공감성이다. 공감성은 상대의 처지에서 기분이나 의도를 알아차리는 능력이다. 공감성이 높을수록 최종적으로 안전기지가 될 가능성이 크다. 응답성이 낮은 허들이라면 공감성은 높은 허들이다.

부모는 열심히 키웠다고 생각하지만 아이가 자해나 자살 기도로 괴로워하거나 과식, 의존증에 빠져 생활에 지장이 있을 때 공통된 과제로 부상하는 것이 공감성의 문제다. 소위 '착한 부모'로 보이는 사람에게도 일어나는 일이다.

가장 큰 원인은 '아이가 무엇을 느끼고 찾으며 싫어할까' 하는 아이의 시선이 아니라, 부모가 자기 중심적으로 세운 기준과 기대에 따라 아이를 움직이려고 하기 때문이다.

즉 아이의 기분보다도 부모의 생각을 우선시한다. 사실 부모는 자식보다도 현명한 방법과 바른길을 알고 있으므로 이것을 아이에게 요구하는 것은 어찌 보면 당연해 보인다.

그러나 여기에 빠진 것이 공감성이다. 아이를 위해 유리하다고 생각되는 순간, 자기 판단을 강요하는 부모들은 대개 공감성이 매우 약하다. 아이들은 여기에 내심 반발하며 마음이 망가질 것 같은데도, 부모는 자기 아이가 내는 마음의 소리는 듣지 못한다. 그 이유는 아이도 자기와 생각이 같다고 착각하기 때문이다. 즉 아이의 기분과 자기 기분을 구분하지 못하는 것이다.

공감성이 빈약한 관계에서의 관여는 방해밖에 되지 않는 경우가 많다. 비록 양적인 관여가 부족하더라도 공감성 면에서 뛰어난 사이가 되면 부족한 양만큼 질적으로 어느 정도 보충할 수 있다.

회복을 위해 안전기지가 되려고 급하게 관여 횟수는 늘렸지만, 공감성이 부족한 대응만 한다면 상대를 더욱 초조하게 만들 뿐이다. 흐름을 바꾸려면 공감성을 높여서 질적으로 향상된 안전기지가 되어주어야 한다.

● 공감성의 두 얼굴

공감성에는 두 가지 측면이 있다.

하나는 기분을 공유하고 동조하는 것으로 '정서적 공감성'이라고 부른다. 또 하나는 상대의 기분이나 의도를 정확히 이해하는 능력으로 '인지적 공감성'이라고 부른다.

애착을 안정시키려면 둘 다 중요하지만, 애착장애의 극복을 위해서라면 인지적 공감이 더욱 중요하다. 이를 정신화라고 부르기도 한다. 정신화는 앞서 4장에서 이미 설명한 대로 상대의 시점에서 상대의 기분과 의도를 이해하는 능력이다.

최근에 와서야 정신화를 높이는 일이 애착을 안정시키는 데 매우 중요한 열쇠임을 알게 됐다. 애착을 개선하기 위한 전문적 프로그램에서는 이러한 정신화를 높이는 훈련을 핵심요소로 도

입하고 있다.

애착이 불안정한 사람은 정신화가 약해서 상대의 말을 상대의 의도와는 다른 의미로 받아들여 자기가 상처받기도 하고, 조심성 없이 상대의 기분을 거스르거나 과잉반응해 상대에게 상처를 주기도 한다.

즉 자기도 상처를 입고 상대에게도 상처를 주지만, 정작 자신은 주변이 부당하게 군다고만 생각한다. 물론 실제로 부당한 대우를 받을 때도 있지만, 사실을 넘어선 부분까지 악의적으로 해석하고 상처를 키우는 악순환을 만들어낸다.

정신화 훈련은 이러한 악순환을 멈추고 상황을 역전시켜준다. 정신화가 높아지면, 부당한 대우를 받았다는 사실 자체는 바꾸지 못하더라도 상대의 사정을 헤아려보거나 객관적인 관점에서 이해하는 것이 가능해진다. 또한 과거에 생긴 트라우마를 극복하는 데도 도움이 된다. 부모 역시 자기가 아이였음을 이해했을 때 시점이 조금 바뀌기도 하는데, 이때도 역시 정신화가 필요하다.

실제 불우한 환경에서 자랐어도 애착이 안정되는 사람이 있는데, 그런 사람은 대개 정신화 능력이 뛰어나다.

●● 모두에게 효과적인
애착장애 극복 방법

애착장애를 극복하는 방법은 크게 두 가지다.

하나는 안전기지가 되어줄 존재를 격려하고 훈련해 안전기지의 기능을 되찾아주는 방법으로 '애착 접근법'이라고 부른다.

애착 접근법은 특히 자녀를 뒷받침하는 부모를 지원해 힘을 발휘하는 접근법이다. 애착 접근법에서는 부모의 정신화와 지원 기술을 높여서 안전기지가 되도록 응원한다.

처음부터 자녀와의 애착이 형성되지 않았거나 학대나 이별로 애착이 심각하게 손상된 부모와 자식이라면 관계 회복을 위한 애착 요법이 효과적이다.

이 방법은 심리적으로 포옹(홀딩)한 상태를 꾸준히 유지해 안정감을 되찾고 애착을 안정되게 재형성해간다. 애착의 상처가 극복되면 애착이 재활성화되어 새로운 인연이 된다.

비록 대상은 다르지만, 이 접근법은 비행소년이 자립하는 데 필요한 도움과 매우 유사하며* 애착이 불안정한 사례를 지원할

---

* 오카다 다카시 『슬픔의 아이들: 죄와 병을 짊어지고』 원제는 『悲しみの子どもたち —罪と病を背負って』集英社新書, 2005년

때 일반적으로 사용하는 회복 원리다.

한편 10대 후반 이후의 청년, 성인이 스스로 불안정한 애착이라는 과제를 극복하기 위해서 개발된 것이 '양가형(불안형) 애착 개선 프로그램'이다. 여기에서는 정신화를 높이는 훈련을 통해 불안정한 애착과 연결된 이분법적 인지 등 자기를 괴롭히는 반응과 행동 유형에 변화를 주어 살아가는 데 도움을 준다.[*]

공감성을 훈련하면 애착장애를 극복하는 속도를 크게 높일 수 있다. 이러한 시도는 예전에 종교적 수행에서 실행되었던 것을 치료 상황으로 치환한 것이다.

⬤ 애착이란 결국 돌봄 체계이다

애착의 안정에 반려동물을 키우는 게 좋다는 말을 들은 J씨는 솔직히 동물을 썩 좋아하지는 않았지만 딸 P양을 위해 허락했다. 딸 비행으로 속을 끓이던 참이었다. 이것으로 딸의 상태가

---

[*] 오카다 다카시 『애착 접근법: 의학 모델을 뛰어넘는 새로운 회복방법』 角川選書, 2018년

나아진다면 큰돈이 들어도 가치가 있다고 생각했다.

사실 J씨에게는 딸에게 미안한 짓을 했다는 죄책감이 있었다. P양을 썩 예뻐하지 못했고, 심지어 어리광을 부리는 딸아이의 손을 뿌리친 적도 있었다.

딸을 사랑하지 못해서 지금 고통받고 있는 것이라면, 속죄하는 차원에서 아이가 바라는 대로 강아지를 키우게 해주고 싶었다. 덕분에 딸아이의 상태가 좋아진다면 일석이조가 아니겠냐고 생각했다. 꽤 비싼 비용은 부담스러웠지만, 그만큼의 가치가 있다고 생각했다.

딸이 기뻐하는 표정을 보며 J씨도 오랜만에 기분이 밝아졌다. 이렇게 신나는 딸의 얼굴을 보는 게 얼마만인가. 딸은 헌신적으로 강아지를 보살폈다. 내심 금방 싫증나서 자신에게 떠맡기는 건 아닐까, 그런다면 정말 최악이라고 생각했지만, 다행히 강아지를 향한 딸의 애정은 식지 않았다.

딸의 상태는 점점 안정되어갔다. 자해도 날뛰는 일도 없어졌다. 무엇보다 어두웠던 표정이 생기를 되찾았다.

어쨌든 잘되었다고 생각했지만, 동시에 강아지를 돌보는 딸의 모습을 보며 자기가 딸을 낳아 키웠을 때가 떠올라 초조해지기 시작했다. 강아지가 주변을 킁킁대며 돌아다니고, 멍멍 짖으며 아무 데나 소변을 봐서 방을 더럽히고, 털을 여기저기 날리고 다니고, 배변 패드를 치우는 동안, 아이가 빽빽 울고 손발을 버둥거릴 때가 떠올라서 소름이 돋았다. 입에 넣어 침으로 범벅이 된 손으로 아무거나 만지고 어지럽힌 일이며, 우유를 토해서 옷을 더럽히던 일이 떠올라 온몸의 털이 삐죽하고 서는 것 같았다.

주변 사람이 "예뻐라" 할 때도 J씨는 설마 하며 인사치레일 뿐이라고 여겼다. 배 아파 낳은 사람조차 이쁘다고 생각하지 않는데 남이 이뻐할 리가 없다는 게 속내였다.

J씨는 아이도, 육아도 싫었다. 왜 자기가 이렇게 불결하고 시끄럽고, 감당하기 힘든 걸 보살펴야 하는지 피가 거꾸로 솟는 것 같았다.

그래도 아이는 자라서 말도 통하고, 불결함도 해결된다. 그런데 강아지는 어떤가? 이 상태가 앞으로도 계속된다는 건가? 그렇게 생각하자 강아지를 키우기로 한 것을 후회하게 됐다. 병이라도 걸려서 일찍 죽었으면 하는 생각까지 들었다.

애착 체계가 약한 사람은 어린 생명이든, 아기든 보살피는 일에 관심도 없고, 반기지도 않는다. J씨는 애착 체계가 매우 희박한 회피형 여성이라고 할 수 있다. 독신 시절, 이러한 경향이 있어도 임신과 출산, 수유라는 일련의 과정을 거치며 옥시토신이 폭발적으로 분비돼서 모성애라는 감정이 증가하는 것이 보편적이다.

그러나 J씨의 경우는 옥시토신 수용체 수가 적든가, 제대로 작용하지 않는 체질이어서 옥시토신이 아무리 분비되어도 애착이라는 스위치가 들어오지 않았던 모양이다.

J씨에 비해 딸 P양은 애착 체계 자체에는 문제가 적은 편이다. P양은 회피형이라기보다 애정을 지나치게 요구하는 불안형으로, 애착 체계는 갖춰져 있지만 채워지지 않음으로써 과도하게 요구하는 반응이 일어나는 것이다. 강아지를 보살피면서 애착을 향한 욕구가 채워지고 안정감이 크게 높아진 것이 틀림없다.

애착이 희박한 어머니 손에 자랐는데도 애착 체계 자체가 완전히 없어지지 않았던 건, 비록 의무감이지만 어머니가 관여하고 돌봤기 때문이다. 참을 수 없을 정도로 고통스러웠지만, 어머니는 육아 책에 쓰인 대로 P양을 키우는 노력을 게을리 하지 않았다. 오히려 남보다 완벽하게 키우려고 몇 배나 더 애썼다.

J씨는 딸아이를 완전하게 사랑하지는 못했지만, 동시에 자기가 어머니로서 남보다 뒤처지는 건 참을 수 없었다. 아이가 이쁘지는 않아도 어머니로서 할 일은 완벽하게 해내려고 했다.

애착은 돌봄의 체계다. 돌봄을 통해 보살피는 사람도, 받는 사람도 안심과 신뢰라는 인연이 생겨난다.

그러나 체계가 제대로 기능하지 않는 사람에게 돌봄이란 기쁨이라기보다 그저 의무이자 고통일 뿐이다. 기쁨을 느끼는 체계가 약하다 보니 키우거나 돌보는 일은 자기의 자유를 제한하고 고통을 강요하는 고역일 수밖에 없다. 애착 체계가 풍부한 사람에게는 상상하지도 못할 현실이다.

식사를 하는데 통증과 구토만 느껴진다면 먹는 일은 기쁨이기는커녕 공포가 될 것이다. 섹스도 마찬가지다. 격통과 불쾌감만 있다면 고문이나 다를 바 없다.

육아도 마찬가지가 아닐까. 기쁨이라고 느끼는 애착의 체계가 약하면 육아는 고통만 많고 그저 의무일 뿐이다. 돌봄은 희생에 지나지 않는다. 이런 사람은 애착이 안정된 사람이 돌봄을 기쁨의 원천으로 삼는 걸 조금도 이해하지 못한다.

여기서부터 전혀 다른 두 가지 가치체계가 태어난다. 애착이 풍부한 존재가 생존의 토대로 삼은 가치체계와 애착이 희박한 존재가 의지하며 살아가는 가치체계로, 이는 완전히 다른 세계라 할 수 있다.

◗● 돌보지 않게 된,
보살피지 않게 된 사회

 수십 년 전만 해도 거의 모든 사람이 결혼했던 사회였다. 빈부나 능력과 관계없이 각자가 자기 배우자를 찾아 가정을 꾸렸다.

 수입이 낮은 사람일수록 결혼율이 낮다는 것을 근거로 경제적 요인이 결혼을 힘들게 한다는 의견을 자주 접한다. 그러나 예전 일본은 오늘날과 비교했을 때 분명히 빈곤했고, 인도와 같은 개발도상국은 현재의 일본보다도 훨씬 빈곤하지만 결혼율은 매우 높다. 경제적 요인만으로는 설명하기 힘들다. 경제적 요인을 뒤덮을 만큼 크지만 다른 요인이 작용하고 있는데, 그것이 바로 애착이다.

 애착이 약해지는 것이 왜 결혼율에 영향을 미치는가? 반려자를 찾는 사람이 많아서만은 아니다. 누구나 반려자를 만나도록 돌봐주는 사람이 많았다는 것이다.

 실제로 한 세기 전 일본만 해도 결혼 상대를 스스로 찾는 사람이 오히려 적었다. 대부분은 주변 사람들의 도움으로 반려자를 만나고 결혼했다. 이것이 신부며 신랑을 '보살피는 것'이었다.

애착은 보살핌의 체계다. 보살피는 체계가 약해진다는 건, 내 아이를 돌보려는 사람이 줄어가고 있을 뿐 아니라, 다른 사람을 보살피려는 사람도 줄어들고 있다는 것이다.

아내는 남편을 뒷바라지하는 것을 귀찮아하고 아이는 부모를 돌보고 싶지 않다고 생각하게 됐다. 자기 일은 자기가 알아서 하라는 생각이 일반화됐다. 남자도 여자를, 또한 여자도 남자를 보살피지 않는다. 모두 자기 일만으로도 정신이 없다. 남을 돌아볼 여력이 없다.

부모에게조차 제대로 양육받지 못한 아이는 부모에 대한 애착이 없으므로 나이든 부모를 보살피려고 들지 않는다. 부모는커녕 자기 자식을 키우기도 부담스러워하며, 남에게 맡기는 게 보통이 되었다. 돌봄의 아웃소싱이 진행되며 직접 신경 쓰지 않으려고 한다.

그러나 돌봄이 점차 없어질수록 애착은 점점 희미하고 얄팍해진다. 사회 전체로 봤을 때, 사회는 회피형으로 향해가고 있다. 사람과의 만남을 기쁨보다는 고통으로 느끼는 사람이 늘고 있다. 이러한 흐름은 점점 심해지고 있다.

반면에 애착에 대한 욕구가 채워지지 않아서 허기를 느끼며 지내는 사람도 틀림없이 늘고 있을 것이다. 고독, 외로움, 공허감이 사람들 마음에 퍼지고 있다.

어떻게든 대처하지 않으면, 우리는 사회 전체가 함몰되어가는 애착의 붕괴과정에 휩쓸리고 말 것이다. 자기 몸을 지키기 위해서는 불안정한 애착에 대한 방어와 애착을 유지하기 위한 대처가 필요하다. 그것이 의미 있는 삶을 사는 데도, 건강을 유지하는 데도 직결된다.

●● 점점 희박해져가는 애착, 죽음에 이르는 사회

애착이 점점 희박해지면, 사람은 아무도 돌보지 않고, 누구의 돌봄도 받지 않으며, 자기만을 위해 살게 된다. 이래서야 애착 시스템은 정상적으로 작동하지 않고 삶의 기쁨도, 의미도 얻지 못한다.

의학기술로 수명이 길어지고 젊음을 손에 넣을 수 있게 됐어도 삶에 대한 진정한 기쁨과 의미를 잃어가고 있다. 반짝반짝 빛나는 외모와 욕망은 있지만 따스함이 있는 기쁨과 공감을 잃은 밀랍인형과 같은 존재가 되고 있는 것이다.

사회는 보살핌이라는 관여를 통해 인연이 아니라, 합리적으로 관리되는 실험동물 집단에 지나지 않게 된다. 이로써 생명은 유지하지만 따뜻한 마음을 잃은 죽은 사회가 된다. 그리고 우리는 지금 죽음에 이르는 사회로 빠져드는 상황 속에 저항하며 가까스로 살아가고 있다.

이렇게 사회가 붕괴한 이후에는 어떤 사회가 기다리고 있을 것인가? 여기에 우리는 대비해야만 한다.

죽음에 이르는 사회로의 붕괴를 예방하고, 삶이 의미 있는 사회로 존속하는 데 필요한 것은 무엇일까? 그것은 바로 돌보는 기쁨을 찾아내는 체계를 유지하는 것이다.

그러려면 사랑하는 사람, 도움이 필요한 존재를 보살피는 일을 소중히 여겨야 한다. 돌봄에서 애착이 자라고, 이는 다시 기쁨이 되며, 삶의 의미가 된다.

애착장애가 있는 사람에게
인생이란 고통스럽다

　현대의 기이한 병이라고 부를 만한 수많은 병마, 자기를 상처 입히고 수없이 자살을 시도하는 경계성 인격장애, 과식과 구토를 반복하거나 당장이라도 쓰러질 듯이 삐쩍 마르는 섭식장애, 약물·알코올·쇼핑·도박·게임·섹스 등의 의존증, 의식과 기억이 끊기며 자기나 주변 사람들조차 위화감을 느끼는 해리성 장애, 만성 우울증이 지속하는 기분 변조증, 급증하는 발달장애, 주의력 결핍과 충동성으로 실패를 반복하는 성인 ADHD 등.

　현대사회에서 이상하리만치 증가일로에 있는 이러한 증상에는 애착장애가 연관되어 있다는 것이 밝혀졌다.

더욱이 최근에는 원인불명의 섬유근통증이나 만성피로 증후군, 만성통증 증후군, 과민대장증후군, 편두통 등 신체 질환에서도 애착장애와의 관계를 주목하고 있다. 학대나 가정폭력, 이혼과 같은 문제에도 애착장애가 크게 연관돼 있다.

　실제 임상 현장에 있다 보면, 애착장애가 있는 사람이 원만하지 않은 부모 자식 사이 때문에 고민하고, 여러 심신의 부조화로 고통받으며 사회에도 잘 적응하지 못하고 인간관계도 삐걱거리며, 배우자와의 사이나 육아에서 어찌할 바 모르고 우두커니 서 있는 경우가 많다. 부모에게 사랑받지 못해서 죽는다는 것은 심리적 문제라기보다는 생리학적 수준의 문제로 죽는 것이다.

　애착 체계는 스트레스나 불안으로부터 목숨을 지키는 체계이다. 애착이 불안정하다는 것은 스트레스나 불안으로부터 생존을 지켜내기 위한 체계(그 실체는 옥시토신 시스템이지만)가 제대로 기능하지 않는다는 뜻이다. 이 때문에 스트레스를 받거나 불안해하는 일이 잦고 육체적 정신적 파탄의 위험이 커서 죽음이라는 위험에 노출되기 쉽다. 이것이 '죽음에 이르는 병'이라는 말의 뜻이다. 단순히 심리적으로 인생을 비관해 죽는 게 아니다.

　애착장애가 있는 사람에게 인생이란, 고통스럽고 좋은 일 하나 없이 가혹하기만 한 시련의 장이다. 이렇게 불우한 처지에 처해있으면, 심리적으로 죽음을 선택한 것처럼 보이는 것이다. 도리어 진심으로 잘 버텨왔다고 할 만하다.

놀라운 사실은, 불안한 애착으로 죽음에 이르는 병을 품고 살아가는 사람이 급증해 몇십 퍼센트에 이른다는 것이다. 의학적으로 수명이 길어졌어도 삶은 허무하고 정신적으로는 죽은 상태인 사람이 늘었다고 할 수 있다. 빈껍데기와 같은 삶을 지키기 위해서 시간과 자아를 잊기 위한 여러 가지 연명장치가 등장하고, 관련 산업도 번창하고 있다.

괴로운 삶의 근원에 무슨 문제가 있는지 사람들도 조금씩 깨닫고 있다. 많은 사람이 애착장애에 관심을 보이는 것도 이러한 상황적 변화를 반영하고 있다.

애착장애란 단순히 심리적 문제가 아니라 생존을 지키기 위한 체계 자체의 위기라는 점, 나아가 삶의 의미를 잃었다는 근원적 파탄이라는 점, 이러한 세 겹의 죽음이 '죽음에 이르는 병'의 진짜 의미라는 것을 이해하길 바란다. 하지만 애착장애는 분명히 극복할 수 있다!

우울과 불안을 끌어안는 심리학

우울과 불안을 이기는 작은 습관들

임아영 지음 | 값 18,000원

임상심리전문가로 활동해온 저자는 우울과 불안이 위험에 대비하고 삶에 대한 성찰을 돕는 '적응적 기능'을 지녔다고 주장한다. 그는 이 책에서 '우울'과 '불안'이 발생하는 메커니즘을 설명하면서 그것을 대하는 인식의 변화를 촉구한다. 살아가는 동안 다양한 실패의 경험을 받아들이면서 균형을 찾는 게 가장 중요하다. 이 책을 통해 현실에서의 긍정성을 찾고 긍정과 부정 사이에서 삶의 균형을 맞추는 법을 배워보자.

내 안의 나와 행복하게 사는 법

내면아이의 상처 치유하기

마거릿 폴 지음 | 값 19,800원

이 책은 자신을 사랑하고 치유하며 성장하고자 하는 이들을 위한 책으로, 주변 사람들과의 관계와 인생을 풍요롭게 해줄 수 있는 소중한 지혜와 전략이 가득하다. 이 책에서 제시하는 내면적인 유대감 형성 5단계 과정을 따라 해보는 것만으로도 곧 치유의 과정이 되어 상처받은 내면아이를 보듬고 사랑이 넘치는 삶을 살 수 있을 것이다. 이 책을 통해 더 이상 혼자가 아니라는 기쁨을 느껴보자!

술로 고통받는 사람들과 가족들을 위한 70가지 이야기

왜 우리는 술에 빠지는 걸까

하종은 지음 | 값 16,000원

알코올중독에 대한 이해부터 치료 방법, 극복 방법, 극복 과정에 이르기까지 알코올중독에 관한 모든 것을 한눈에 볼 수 있도록 정리한 지침서다. 알코올중독이란 과연 무엇인지, 알코올중독에서 회복하려면 어떤 과정을 거쳐야 하는지, 알코올중독과 다른 정신과적 질병과의 관계는 어떠한지, 알코올중독도 유전이 되는지 등 전문가에게 의뢰하지 않고는 쉽사리 알기 어려웠던 알코올중독의 원인부터 대안까지 상세히 다룬다.

도박중독은 결코 불치병이 아니다!

왜 우리는 도박에 빠지는 걸까

김한우 지음 | 값 16,000원

이 책은 도박중독이라는 늪에 빠져 헤어나지 못하는 도박중독자와 그의 가족들에게 소중한 지침서가 될 것이다. 저자는 도박중독에 대한 사람들의 오해와 편견을 깨뜨리고 도박중독자를 치유의 길로 이르도록 해결 방안을 제시한다. 도박중독에서 벗어나고 싶지만 마음먹은 대로 되지 않거나 혹은 가족 중 누군가가 도박중독으로 힘들어하고 있다면 이 책을 통해 많은 도움을 얻을 수 있다.

사람을 움직이는 소통의 힘

관계의 99%는 소통이다

이현주 지음 | 값 14,000원

직장 생활에서 바람직한 인간관계를 맺기 위해 필요한 소통 방법을 다룬 지침서다. 많은 기업에서 직장 내 관계에 대한 교육과 상담을 활발히 해온 저자는 이 책을 통해 올바른 소통 방법을 알려준다. 저자는 인간관계를 기반으로 한 소통을 다루면서 우리가 알고 있었던, 혹은 눈치채지 못했던 대화법의 문제점을 정확히 짚어낸다. 회사 내에서의 소통 문제로 스트레스를 받고 있는 직장인들에게 이 책이 단비가 되어줄 것이다.

이유 없는 아픔은 없어

삶이 힘들고 지칠 때 심리학을 권합니다

박경은 지음 | 값 15,000원

질투, 서운함, 열등감, 분노 등 마음을 흩뜨리는 많은 부정적인 감정들로 스스로를 상처 내고 있는 사람들이 꼭 읽어야 할 책이다. 오랜 기간 심리상담을 해온 저자는 은밀하면서도 치명적인 삶의 상처에 대한 다양한 사례들을 담고자 했다. 책 속 사례를 통해 내면을 성찰하고 자신의 문제를 객관화할 수 있어야 한다. 이 책을 통해 당신의 아픔을 있는 그대로 들여다볼 수 있을 것이다. 삶이 힘들고 지친 이들에게 이 책을 권한다.

MMPI 초보자가 꼭 알아야 할 것들

처음 시작하는 MMPI

황선미 지음 | 값 16,000원

이 책은 가장 자주 사용되는 중요한 심리검사인 MMPI를 최대한 이해하기 쉽게 설명한 최고의 가이드북이다. MMPI 검사의 개념, 타당도 척도와 임상척도, MMPI 프로파일 해석법, MMPI 검사로 본 임상 사례, MMPI 검사 보고서 작성법 등 MMPI의 모든 것을 최대한 이해하기 쉽게 풀어놓았다. 숫자와 그래프가 아직은 쉽지 않은 초보 상담자들, 해석에 고충을 느끼는 상담자들에게 이 책이 많은 도움이 될 것이다.

심리학, 이보다 더 쉬울 수 없다!

처음 시작하는 심리학

조영은 지음 | 값 16,000원

80개의 심리학 개념어를 모아 체계적이면서도 쉽고 재미있게 풀어낸 심리학 입문서다. 가장 기본적이고 핵심적인 것들만 엄선해 심리학을 공부하기 시작한 독자들이 이 책을 통해 탄탄한 기초를 잡을 수 있도록 도와준다. 또 각 이론의 정의와 특징을 단순히 나열하는 것이 아니라 일상생활에서 한 번쯤 경험했을 만한 심리학적 현상, 각각의 이론과 관련된 흥미로운 실험까지 다루어 설명함으로써 누구나 한 번에 이해할 수 있도록 했다.

■ 독자 여러분의 소중한 원고를 기다립니다

초록북스는 독자 여러분의 소중한 원고를 기다리고 있습니다. 집필을 끝냈거나 집필중인 원고가 있으신 분은 khg0109@hanmail.net으로 원고의 간단한 기획의도와 개요, 연락처 등과 함께 보내주시면 최대한 빨리 검토한 후에 연락드리겠습니다. 머뭇거리지 마시고 언제라도 초록북스의 문을 두드리시면 반갑게 맞이하겠습니다.

■ 메이트북스 SNS는 보물창고입니다

메이트북스 홈페이지 www.matebooks.co.kr

책에 대한 칼럼 및 신간정보, 베스트셀러 및 스테디셀러 정보뿐만 아니라 저자의 인터뷰 및 책 소개 동영상을 보실 수 있습니다.

메이트북스 유튜브 bit.ly/2qXrcUb

활발하게 업로드되는 저자의 인터뷰, 책 소개 동영상을 통해 책에서는 접할 수 없었던 입체적인 정보들을 경험하실 수 있습니다.

초록북스 블로그 blog.naver.com/chorokbooks

화제의 책, 화제의 동영상 등 독자 여러분을 위해 다양한 콘텐츠를 매일 올리고 있습니다.

메이트북스 네이버 포스트 post.naver.com/1n1media

도서 내용을 재구성해 만든 블로그형, 카드뉴스형 포스트를 통해 유익하고 통찰력 있는 정보들을 경험하실 수 있습니다.

STEP 1. 네이버 검색창 옆의 카메라 모양 아이콘을 누르세요. STEP 2. 스마트렌즈를 통해 각 QR코드를 스캔하시면 됩니다. STEP 3. 팝업창을 누르시면 메이트북스의 SNS가 나옵니다.